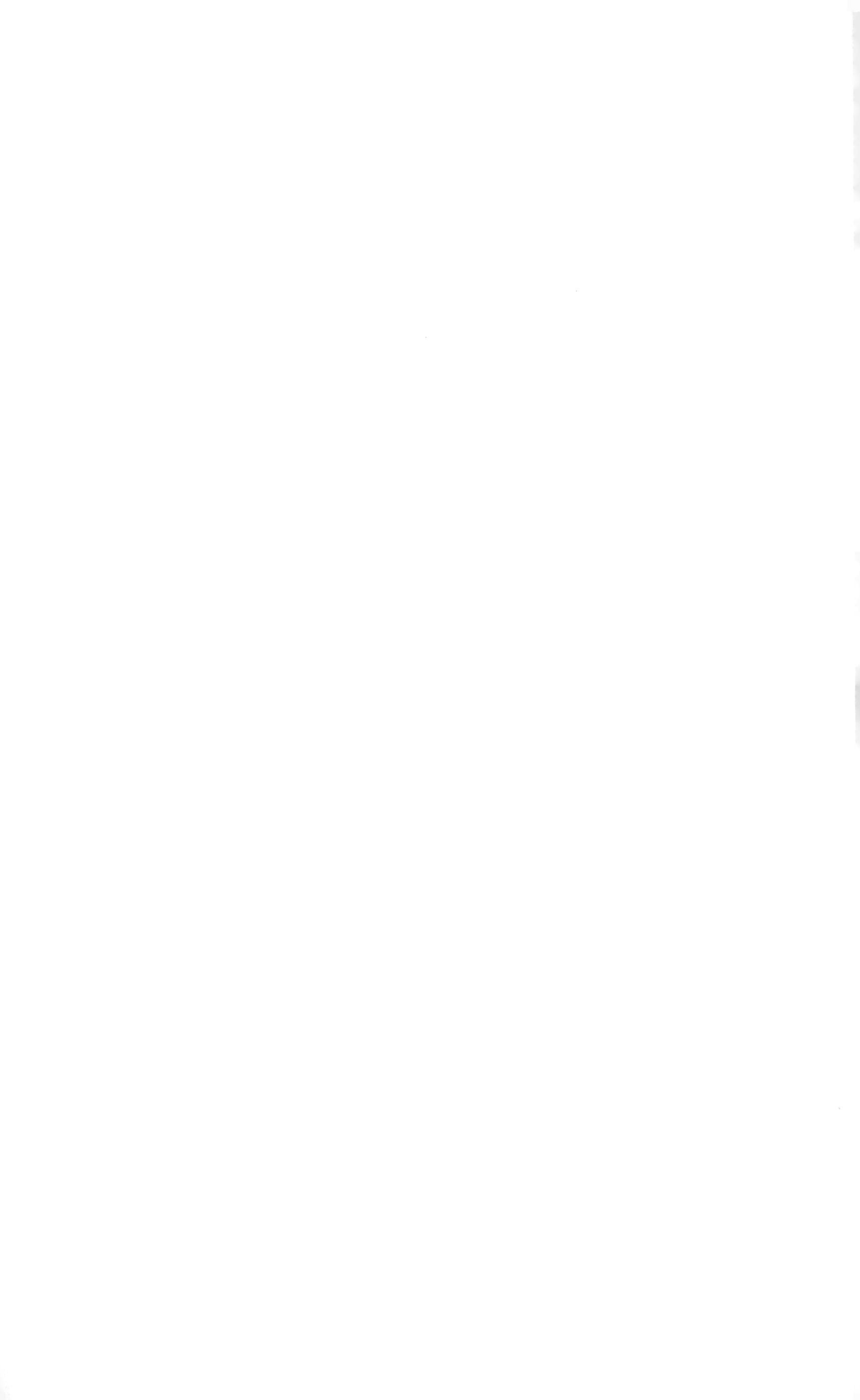

Vente des 22 et 23 Avril 1904

(HÔTEL DROUOT)

CATALOGUE

DE

LIVRES CONTEMPORAINS

SUITES DE VIGNETTES

PORTRAITS. — TIMBRES-POSTE. — ETC.

ET DE QUELQUES

OUVRAGES ANCIENS

RARES ET PRÉCIEUX

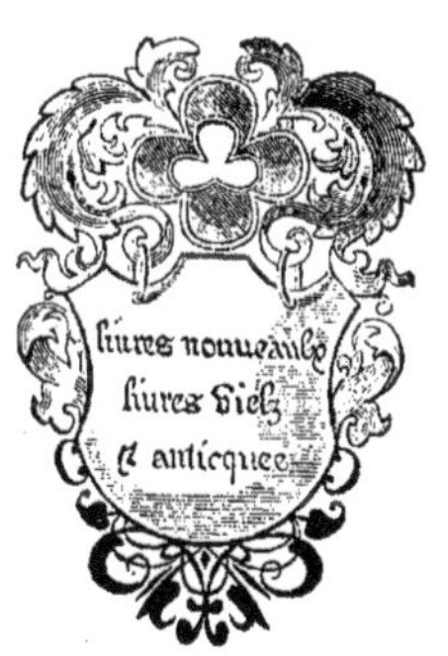

PARIS

EM. PAUL ET FILS ET GUILLEMIN

Libraires de la Bibliothèque Nationale

28, RUE DES BONS-ENFANTS, 28

1904

Tours, imp. Tourangelle, 20-22, rue de la Préfecture.

LA VENTE AURA LIEU

Les Vendredi 22 et Samedi 23 Avril 1904

A DEUX HEURES PRÉCISES DU SOIR

A L'HOTEL DES COMMISSAIRES-PRISEURS, 9, RUE DROUOT

SALLE N° **10**

Par le ministère de **Me MAURICE DELESTRE,** Commissaire-Priseur

5, RUE SAINT-GEORGES, 5

Assisté de **MM. ÉM. PAUL et FILS et GUILLEMIN,** Libraires-Experts

28, RUE DES BONS-ENFANTS, 28

ORDRE DES VACATIONS

PREMIÈRE VACATION. — *Vendredi 22 Avril 1904*

NUMÉROS	176 à 274
—	285 à 316
—	275 à 284

DEUXIÈME VACATION. — *Samedi 23 Avril 1904*

NUMÉROS	87 à 175
—	1 à 86

CONDITIONS DE LA VENTE

La vente se fait expressément au comptant.

Les acquéreurs paieront 10 pour cent en sus des enchères.

Les livres devront être collationnés dans les vingt-quatre heures de l'adjudication. Passé ce délai ils ne seront repris pour aucune cause.

Les Libraires chargés de la vente rempliront les commissions des personnes qui ne pourraient y assister.

livres, 1891-1894, 6 vol. gr. in-8, nombr. pl. et fig. demi-rel. mar. grenat avec coins, genre bradel, tête dor. non rog. *couvertures*.

Collection complète. — Tiré à petit nombre.
Bel exemplaire.

14. **Arène** (Paul). Jean-des-Figues. Avec une eau-forte d'Emile Bénassit. *Paris, Librairie Internationale*, 1870, in-12, front. gr. cart. bradel, perc. grise, tête dor. non rog. *couverture*.

ÉDITION ORIGINALE.

15. **Armée** et Marine. Revue hebdomadaire illustrée des armées de terre et de mer. *Paris*, 1899-1902, 4 vol. gr. in-4 en 201 fasc. nombr. fig. *couvertures illustrées*.

Collection complète jusqu'en 1902, rare, la première année étant épuisée.

16. **Art** (L) du Théâtre. Revue mensuelle. *Paris, Schmid*, 1901-1902, 22 fasc. in-fol. pl. gr. en noir et en couleur, fig. *couvertures illustrées*.

Mars 1901 (*origine*) à octobre 1902.

17. **Arvers** (Félix). Poésies de Félix Arvers. Mes Heures perdues. Pièces inédites. Introduction par Abel d'Avrecourt. *Paris, Floury*, 1900, gr. in-8, portr. br. *couverture*.

Un des 40 exemplaires sur PAPIER DE CHINE (n° 29).

18. **Asselineau** (Charles). Bibliographie romantique. Catalogue anecdotique et pittoresque des éditions originales des œuvres de Victor Hugo, Alfred de Vigny, Prosper Mérimée, Alexandre Dumas, etc., etc. Seconde édition, revue et très augmentée, avec une eau-forte de Bracquemond. — Appendice à la seconde édition de la bibliographie romantique. — *Paris, P. Rouquette*, 1872-1874. — Ens. 2 vol. in-8, demi-rel. mar. r. avec coins. dos orné, fil. tête dor. non rog. *(Allô.)*

Bel exemplaire de M. JOLLY-BAVOILLOT, auquel on a ajouté une série de 10 vignettes romantiques, gravées sur bois d'après Tony Johannot, en *tirage à part* sur CHINE VOLANT.

19. **Audsley** (G. A.) et James L. **Bowes**. La Céramique japonaise. Edition française publiée sous la direction de M. A. Racinet. Traduction de M. P. Louisy. *Paris, Firmin-Didot*, 1877, in fol. planches en couleur et en photolithographie, en fascicules.

Edition de luxe, publiée à 500 fr., de ce très bel ouvrage.

20. **Auteurs** contemporains en *éditions originales*. — Réunion de 2 plaquettes et 9 vol. in-12, dont un cart. perc. et les autres br. *couvertures*.

V. CHERBULIEZ. Le Prince Vitale. *Paris, Lévy*, 1864. — Ctesse de SÉGUR. La Fortune de Gaspard; illustrations de J. Gerlier. *Paris, Hachette*, 1866, fig. sur bois. (*Premier tirage.*) — J. Bouché. Gallet et le Caveau. *Epernay*, 1883, 2 vol. nombr. vign. sur bois. — Jean Moréas. Le Pèlerin passionné. *Paris, Vanier*, 1891. — M. Quillot. Le Traité de la Méduse. *Dijon*, 1892. — Rémy de Gourmont. Phocas. *Paris*, 1895, grand papier de Hollande mauve. — Ernest La Jeunesse : Sérénissime. *Paris, Fasquelle*, 1898 ; L'Holocauste. *Paris, Fasquelle*, 1900. — Rostand. L'Aiglon, drame. *Paris, Fasquelle*, 1900. — Henri de Régnier. Le Bon plaisir, roman. *Paris, Mercure de France*, 1902.

21. **Banville** (Théodore de). Odes funambulesques (par Théodore de Banville) avec un frontispice gravé à l'eau-forte, par Bracquemond, d'après un dessin de Charles Voillemot. *Alençon, Poulet-Malassis et de Broise*, 1857, in-12, front. en feuilles, *couverture*.

Edition originale.
Exemplaire lavé, encollé et préparé pour la reliure.

22. **Banville** (Théodore de). Les Stalactites. *Paris, Paulier*, 1846, in-8, demi-rel. bradel mar. grenat avec coins, dos orné, fil. tête dor. non rog. (*Loisellier.*)

Edition originale, très rare.
Envoi autographe de l'auteur à Théodore Barrière. — Premier plat de la couverture conservé.

23. **Barbey d'Aurevilly** (J.). L'Ensorcelée. *Paris, Librairie nouvelle*, 1859, in-12, br. *couverture*.

Première édition in-12.
La couverture porte la date de 1858.

24. **Barbey d'Aurevilly** (Jules). Une Histoire sans nom. *Paris, Lemerre*, 1882, in-12, br. *couverture*.

Edition originale.

25. **Baudelaire** (Charles). Les Paradis artificiels, Opium et haschisch. *Paris, Poulet-Malassis et de Broise*, 1860, in-12, demi-rel. mar. La Vall. avec coins, tête dor. non rog. *couverture*.

Edition originale.
Bel exemplaire auquel on a ajouté le portrait de Baudelaire, gravé à l'eau-forte par Bracquemond.

26. **Baudelaire** (Charles). Souvenirs, Correspondance, Bibliographie, suivie de pièces inédites *Paris, Pincebourde*, 1872, in-12, tiré in-8, br. couverture.

Edition originale de cet ouvrage, publié par les soins de Poulet-Malassis. — La Biographie est de M. Charles Cousin ; la Bibliographie de M. le Vte de Spoelberch de Lovenjoul.
Exemplaire sur grand papier vergé, auquel on a joint le portrait de Ch. Asselineau, dessiné à la plume par Baudelaire et reproduit en fac-similé par Aglaüs Bouvenne.
On a ajouté : Charles Baudelaire, par MM. A. de La Fizelière et Georges Decaux. *Paris, Académie des Bibliophiles*, 1868, pet. in-12, pap. vergé, br. *couverture*.

27. **Belisle** (Comte Auguste de). Contes (par M. le comte Auguste de Belisle). *Paris, Potey*, 1824, in-8, *couverture*.

Edition originale, très rare, de ce recueil de contes en vers.
Exemplaire lavé, encollé et préparé pour la reliure.

28. **Berggruen** (Oscar). Cortège historique de la ville de Vienne, le 27 avril 1879 à l'occasion des noces d'argent de leurs Majestés François-Joseph Ier et Elisabeth. *Paris, Quantin, s. d.* in-fol. pap. vélin, texte encadré, fig. et 44 pl. hors texte en héliogravure, en feuilles, dans un carton.

Document très important pour les costumes du XVIe siècle.

29. **Bertrand** (Louis). Gaspard de la nuit. Fantaisies à la manière de Rembrandt et de Callot. Cinquante illustrations de J. Fontanez. *Paris, Société d'éditions d'art « Le Livre et l'Estampe »*, 1903, in-4, pap. vélin, 50 pl. à l'eau-forte, br. *couverture illustrée.*

Tiré à 300 exemplaires numérotés.

30. **Boulevard** (Le). Revue hebdomadaire. *Paris, 9 février* au *21 juin* 1892, 20 numéros gr. in-4, pl. et fig. en noir et en couleur, dans un carton, dos de chag. vert.

Collection complète de ce journal orné de nombreuses illustrations de Willette, de Feure, Métivet, etc.

31. **Brès**. Voyage pittoresque et romantique sur la cheminée. *Louis Janet, s. d.* (1828), pet. in-12, front. et 7 pl. gr. et *finement coloriées*, cart. illustré, tr. dor. dans un étui.

Exemplaire dans son *cartonnage original*, très frais.

32. **Carte** du Restaurant Tragin. *Paris, Chantpie, s. d.* in-8 de 16 ff. non ch. mar. brun à long grain, large dent. dor. comp. et milieu à froid.

Belle reliure de l'époque romantique.
Le titre est orné d'une jolie vignette sur bois.

33. **Catalogue** de la Collection du Chat Noir. « Rodolphe Salis ». Dessins originaux, aquarelles, tableaux, lithographies, eaux-fortes, par G. Auriol, Bac, Caran d'Ache, Forain, Gérôme, etc. Préface de Montorgueil. *Paris*, 1898, in-4, pl. en noir et en couleur, nombr. fig. cart. bradel, perc. verte, fil. non rog. *couverture.* (*Durvand.*)

34. **Catalogue** de l'Exposition de gravures anciennes et modernes, 4 juillet 1891. *Paris, Cercle de la Librairie*, 1891, in-4, nombr. fig. et pl. en noir et en couleur, cart. non rog.

35. **Centaure** (Le). Recueil trimestriel de littérature et d'art. *Paris, 9, rue des Beaux-Arts*, 1896, 2 vol. in-4, pl. en noir et en couleur, cart. perc. grise, non rog. *couvertures.*

Seule année parue de cette Revue littéraire, rédigée par Henri Albert, André Gide, Pierre Louys, Henri de Régnier, Jean de Tinan, etc., avec la collaboration artistique d'Albert Besnard, Fantin-Latour, Ch. Léandre, Gustave Leheutre, Félicien Rops, etc.

36. **Chansons** : Th. Botrel. Chansons de chez nous. — Aristide Bruand. Dans la Rue. Deuxième série. — Em. Bessière. Autour de la Butte. — G. Montoya. La Folle Chanson. — Jules Oudot. Chansons fin de siècle. — Chambert et Girier. La Chanson des Cabots. — Yann Nibor. Chansons de Mer. — *Paris*, 1891-1899. — Ens. 7 vol. in-12, nombr. fig. de Barrère, Couturier, Forain, Steinlen, etc., br. *couvertures illustrées*.

Quatre volumes sont en PREMIER TIRAGE.

37. **Cladel** (Léon) : Ompdrailles, le Tombeau-des-Lutteurs. *Paris, Lemerre*, 1882. — Raca. *Paris, Dentu*, 1888. — Ens. 2 vol. in-12, br. *couvertures*.

EDITIONS ORIGINALES.
Le second ouvrage porte un ENVOI AUTOGRAPHE de l'auteur à Gustave GEFFROY.

38. **Cladel** (Léon). Six Morceaux de littérature. (Eaux-fortes à la plume) interprétées au burin par Félicien Rops, Frans van Kuyck, Moloch et Lenain. *Se trouve à Bruxelles, chez l'éditeur Henry Kistemaeckers*, 1880, in-8, papier de Holl. portr. sur le titre, 6 eaux-fortes hors texte, demi-rel. mar. orange avec coins, fil. tête dor. non rog. (*Bretault.*)

EDITION ORIGINALE, tirée seulement à 126 exemplaires numérotés.

39. **Collection** Hayashi. Dessins, estampes, livres illustrés. *Paris*, 1902, in-4, front. et 106 pl. en héliogr. et en phototypie noire et teintée, br. *couverture illustrée*.

40. **Comic Almanack** (Le). Keepsake comique pour 1842, par MM. de Balzac, Frédéric Soulié, P. de Kock, L. Huart, H. Monnier, etc. Orné de douze gravures à l'eau-forte sur acier, par Trimolet, et d'un grand nombre de dessins comiques dans le texte, par Ch. Vernier. *Paris, Aubert*, 1842, in-12, 12 pl. à l'eau-forte et nombr. vign. sur bois, *cart. illustré*, tr. dor.

Exemplaire non piqué dans son *cartonnage original* de la plus grande fraîcheur.

41. **Delmet** (Paul). Chansons tendres. — Victor Meusy : Chansons du Pavé ; Chansons modernes. — Jacques Ferny. Chansons de la Roulotte. — Léon Xanrof. Chansons sans gêne. — *Paris*, 1890-1900. — Ens. 5 vol. in-12, nombr. fig. br. *couvertures illustrées*.

PREMIERS TIRAGES.

42. **Desnoyers** (Louis). Les Aventures de Jean-Paul Choppart. Edition complète, augmentée de nouveaux chapitres et entièrement corrigée, ornée de cinq gravures de Fauchery et du

portrait de Jean-Paul Choppart. *Paris, Allardin*, 1834, 2 vol. in-12, portr. et 5 pl. *couverture*.

Edition originale, rare.
Exemplaire lavé, encollé et préparé pour la reliure, avec sa couverture originale de papier jaune non imprimée.

43. **DOUCET** (Jérôme). **Contes de la Fileuse**. Illustrations de Alfred Garth Jones. *Paris, Tallandier, s. d.* (1900), in-4, texte avec encadrements en couleur, nombr. fig. br. *couverture*, dans un carton.

Edition originale.
Un des 25 exemplaires sur papier de Chine (n° 31), avec le *tirage à part* sur Chine volant des figures et de tous les encadrements.

44. **DOUCET** (Jérôme). **Contes de Haute-Lisse**; avec les illustrations de Alfred Garth Jones. *Lyon, Bernoux et Cumin*, 1899, in-4, nombr. fig. en couleur, br. *couverture illustrée*.

Edition originale, tirée à petit nombre.
Exemplaire sur papier impérial du Japon (n° 21), avec le *tirage à part* en noir sur Chine volant des figures en couleur.

45. **DOUCET** (Jérôme). **Princesses de Jade et de Jadis**. Aquarelles de Lorant-Heilbronn. *Paris, Société d'éditions d'art « Le Livre et l'Estampe » s. d.* in-4, papier vélin, jolis encadrements et nombr. fig. en couleur, br. *couverture*.

Tiré à 350 exemplaires numérotés (n° 103).

46. **Echo** (L') de Paris littéraire illustré. *Paris, 31 janvier 1892 au 6 août 1893*, 79 nos in-fol. nombr. fig. par Caran d'Ache, Forain, Hermann Paul, Willette, etc., dans un carton.

Collection complète.

47. **Flaubert** (Gustave). Bouvard et Pécuchet. Œuvre posthume. *Paris, Lemerre*, 1881, in-12, br. *couverture*.

Edition originale.
Exemplaire sur papier de Hollande.

48. **Flaubert** (Gustave). Le Candidat, comédie en quatre actes. *Paris, Charpentier*, 1874, pet. in-12 carré, br. *couverture*.

Edition originale.

49. **FLAUBERT** (Gustave). **Trois Contes**. Un Cœur simple. La Légende de Saint Julien l'Hospitalier. Hérodias. *Paris, Charpentier*, 1877, in-12, br. *couverture*.

Edition originale.
Exemplaire sur papier de Hollande (n° 29.)

50. **Forain**. Doux Pays; 189 dessins. — Bac: Les Maîtresses; 100 dessins; La Comédie féminine; 100 dessins. — H. Gerbault. Ach'tez moi, joli blond! 100 dessins. — Eug. Cottin. Drôleries du Palais; 177 dessins. — *Paris*, 1897-1900. — Ens. 5 vol. in-12, nombr. fig. br. *couvertures illustrées*.

Premiers tirages.

51. **France** (Anatole). Alfred de Vigny, étude Eau-forte par G. Staal. *Paris, Bachelin-Deflorenne*, 1868, in-16, portr. demi-rel. mar. r. avec coins, tête dor. non rog. *couverture.*

Edition originale.

52. **France** (Anatole). L'Anneau d'améthyste. *Paris, Calmann Lévy*, 1899, in-12, demi-rel. mar. r. avec coins, tête dor. non rog. *couverture.*

Edition originale.

53. **France** (Anatole). Au Petit Bonheur, comédie en un acte, représentée pour la première fois, le 1er juin 1898. *Tiré pour Pierre Dauze, Paris*, 1898, in-4, portr. gr. à l'eau-forte par L. Lœwy, br. *couverture.*

Fac-similé du manuscrit original inédit, tiré seulement à 50 exemplaires numérotés.

Un des 20 exemplaires sur papier de Hollande teinté à la forme. Il est accompagné d'une lettre autographe de M. Pierre Dauze, président de la Société *Les XX*, adressée à M. F. Raisin.

54. **FRANCE** (Anatole). **Avant la fête.** — 14 ff. in-4.

MANUSCRIT AUTOGRAPHE signé, renfermant sous ce titre le dixième chapitre de *L'Orme du Mail*, l'un des plus intéressants du roman, dans lequel l'abbé Lantaigne et M. Bergeret discutent la mission de Jeanne d'Arc. Il présente plusieurs variantes avec le texte imprimé.

55. **France** (Anatole). Balthasar. *Paris, Calmann Lévy*, 1885, in-12, demi-rel. mar. r. avec coins, tête dor. non rog. *couverture.*

Edition originale.

56. **France** (Anatole). Bdin de Saint-Pierre et la princesse Marie Miesnik. Notice par Anatole France. *Paris, Charavay*, 1875, in-8 de 8 pp. pap. de Hollande, br. *couverture* de papier rose.

Edition originale, de toute rareté ; elle n'a été tirée qu'à 40 exemplaires.

57. **France** (Anatole). Clio. Illustrations de Mucha. *S. l. (Paris), Calmann Lévy*, 1900, in-12 carré, pl. et vign. en couleur, demi-rel. mar. r. avec coins, tête dor. non rog. *couverture illustrée.*

Edition originale.

58. **FRANCE** (Anatole). **LE CRIME DE SYLVESTRE BONNARD,** membre de l'Institut. *Paris, Calmann Lévy*, 1881, in-12, demi-rel. mar. r. avec coins, tête dor. non rog. *couverture.*

Edition originale, rare.

Exemplaire encollé, avec la COUVERTURE BLEUE, beaucoup plus rare et plus recherchée que la couverture jaune. Elle porte simplement le *Crime de Sylvestre Bonnard*, tandis que la jaune porte : *Le Crime de Sylvestre Bonnard, membre de l'Institut.*

Ce très bel exemplaire provient des bibliothèques Louis Hartogh et F. Raisin.

59. **France** (Anatole). Les Désirs de Jean Servien. *Paris, Lemerre*, 1882, in-12, demi-rel. mar. r. avec coins, tête dor. non rog. *couverture.*

Edition originale.
Exemplaire avec la couverture originale, imprimée par G. Retaux à Abbeville.

60. **France** (Anatole). Dorci, ou la Bizarrerie du sort, conte inédit par le Mis de Sade, publié sur le manuscrit avec une notice sur l'auteur (par Anatole France). *Paris, Charavay*, 1881, in-12 carré, papier de Hollande, front. à l'eau-forte, demi-rel. mar. r. avec coins, tête dor. non rog. *couverture illustrée.*

Edition originale, tirée à 269 exemplaires numérotés.
Exemplaire lavé et encollé.

61. **France** (Anatole). L'Elvire de Lamartine, notes sur M. et Mme Charles. *Paris, Champion*, 1893, in-12 carré, fac-similé, demi-rel. mar. r. avec coins, tête dor. non rog. *couverture.*

Edition originale.

62. **France** (Anatole). L'Etui de nacre. *Paris, Calmann Lévy*, 1892, in-12, demi-rel. mar. r. avec coins, tête dor. non rog. *couverture.*

Edition originale.

63. **France** (Anatole). Histoire d'Henriette d'Angleterre par Madame de La Fayette, avec une introduction par Anatole France. *Paris, Charavay*, 1882, in-12 carré, portr. gr. par Boulard fils, demi-rel. mar. r. avec coins, tête dor. non rog. *couverture illustrée.*

Edition originale de l'introduction d'Anatole France.

64. **France** (Anatole). Le Jardin d'Epicure. *Paris, Calmann Lévy*, 1895, in-12, demi-rel. mar. r. avec coins, tête dor. non rog. *couverture.*

Edition originale.

65. **France** (Anatole). Jocaste et le Chat maigre. *Paris, Calmann Lévy*, 1879, in-12, br. *couverture.*

Edition originale.

66. **France** (Anatole). Jocaste et le Chat maigre. *Paris, Calmann Lévy*, 1879, in-12, demi-rel. mar. r. avec coins, tête dor. non rog. *couverture.*

Edition originale.

67. **France** (Anatole). Le Livre de mon ami. *Paris, Calmann Lévy*, 1885, in-12, demi-rel. mar. r. avec coins, tête dor. non rog. *couverture.*

Edition originale.
Envoi autographe de l'auteur à Aurélien Scholl.

68. **France** (Anatole). Lucile de Châteaubriand, ses contes, ses poèmes, ses lettres, précédés d'une étude sur sa vie. *Paris, Charavay*, 1879, in-12 carré, pl. demi-rel. mar. r. avec coins, tête dor. non rog. *couverture illustrée.*

Edition originale.
Envoi autographe de l'auteur à Aurélien Scholl.

69. **France** (Anatole). Le Lys rouge. *Paris, Calmann Lévy*, 1894, in-12, demi-rel. mar. r. avec coins, tête dor. non rog. *couverture.*

Edition originale.

70. **France** (Anatole). Le Mannequin d'osier. *Paris, Calmann Lévy*, 1897, in-12, demi-rel. mar. r. avec coins, tête dor. non rog. *couverture.*

Edition originale.

71. **France** (Anatole). Monsieur Bergeret à Paris. *Paris, Calmann Lévy, s. d.* (1901), in-12, demi-rel. mar. r. avec coins, tête dor. non rog. *couverture.*

Edition originale.

72. **FRANCE** (Anatole). **Les Noces Corinthiennes**. *Paris, Lemerre*, 1876, in-12, demi-rel. mar. r. avec coins, tête dor. non rog. *couverture.*

Edition originale.

73. **France** (Anatole). Notice historique sur Vivant Denon. *Paris, Rouquette*, 1890, in-8 de XII pp. papier de Hollande, br. *couverture.*

Edition originale.
Cette plaquette n'a pas été mise dans le commerce, elle a été donnée aux acheteurs et souscripteurs du conte de Denon, *Point de lendemain*, illustré par Paul Avril.

74. **France** (Anatole). Les Opinions de M. Jérôme Coignard, recueillies par Jacques Tournebroche et publiées par Anatole France. *Paris, Calmann Lévy*, 1893, in-12, demi-rel. mar. r. avec coins, tête dor. non rog. *couverture.*

Edition originale.

75. **France** (Anatole). L'Orme du Mail. *Paris, Calmann Lévy*, 1897, in-12, demi-rel. mar. r. avec coins, tête dor. non rog. *couverture.*

Edition originale.

76. **France** (Anatole). Pierre Nozière. *Paris, Lemerre*, 1899, in-12, demi-rel. mar. r. avec coins, tête dor. non rog. *couverture.*

Edition originale.

77. **FRANCE** (Anatole). **Les Poëmes dorés**. *Paris, Lemerre*, 1873, in-12, demi-rel. mar. r. avec coins, tête dor. non rog. *couverture*.

EDITION ORIGINALE.

78. **France** (Anatole). Le Puits de Sainte-Claire. *Paris, Calmann Lévy*, 1895, in-12, demi-rel. mar. r. avec coins, tête dor. non rog. *couverture*.

EDITION ORIGINALE.

79. **France** (Anatole). La Rôtisserie de la reine Pédauque. *Paris, Calmann Lévy*, 1893, in-12, demi-rel. mar. r. avec coins, tête dor. non rog. *couverture*.

EDITION ORIGINALE.

80. **France** (Anatole). Thaïs. *Paris, Calmann Lévy*, 1891, in-12, demi-rel. mar. r. avec coins, tête dor. non rog. *couverture*.

EDITION ORIGINALE.

81. **France** (Anatole). La Vie littéraire. *Paris, Calmann Lévy*, 1888 1891, 3 vol. in-12, br. *couvertures*.

EDITION ORIGINALE des trois premières séries.
ENVOI AUTOGRAPHE de l'auteur à *H. Fouquier*, sur le faux-titre de la deuxième série et à *Jules Simon*, sur celui de la troisième.

82. **France** (Anatole) : Jocko, par C.-M. de Pougens, précédé d'une notice par Anatole France. *Paris, Charavay*, 1881, front. à l'eau-forte. — La Société historique d'Auteuil et de Passy, conférence. *Paris, Calmann Lévy*, 1894. — Discours de réception à l'Académie. *Paris, Calmann Lévy*, 1897. — Opinions sociales. *Paris, Bellais*, 1902, 2 vol. — Ens. 5 vol. pet. in-12 et in-12, br. *couvertures*.

EDITIONS ORIGINALES.

83. **France** (Anatole). Suite de 7 figures (portrait, trois en-têtes et trois lettres ornées), gr. sur bois par Perrichon, d'après Steinlen, pour illustrer le *Discours d'Anatole France aux funérailles d'Emile Zola*.

Epreuves d'artiste tirées sur CHINE VOLANT de format in-4, avec la *signature autographe du graveur*.

84. **Fursy** (Henri). Chansons rosses. *Paris, Ollendorff*, 1898-99, 2 vol. in-12, fig. br. *couvertures illustrées*.

EDITIONS ORIGINALES.

85. **GAUTIER** (Théophile). LA COMÉDIE DE LA MORT. *Paris, Desessart*, 1838, in-8, figures, br. *couverture*.

EDITION ORIGINALE, très rare, ornée d'une figure de Louis Boulanger gravée sur bois par Lacoste jeune.
Bel exemplaire sur GRAND PAPIER VÉLIN, mais avec le dos de la couverture brisé.

86. **GAUTIER** (Théophile), **L'Eldorado**, par Théophile Gautier, auteur des Jeunes-France et de Mademoiselle de Maupin. *Paris, publications du Figaro*, 1837, in 8, non rog.

VÉRITABLE ÉDITION ORIGINALE, publiée chaque jour en livraisons par le *Figaro*. Elle est de la plus grande rareté et M. Vicaire (*Manuel de l'amateur de livres du XIXe siècle*, III, col. 890 à 892), déclare n'en connaître que trois exemplaires, dont un, celui de la Bibliothèque nationale, est incomplet.

Exemplaire à toutes marges, lavé, encollé et préparé pour la reliure ; le faux-titre manque ; deux ff. sont remontés.

87. **Gautier** (Théophile). Fortunio. Réimpression textuelle de l'édition originale. Vingt-quatre lithographies en couleur de A. Lunois. *Librairie des Bibliophiles*, 1898, gr. in-8, 24 pl. lithogr. en couleur, br. *couverture*.

88. **Gautier** (Théophile). Militona. *Paris, Hachette*, 1857, in-12, br. *couverture*.

PREMIÈRE ÉDITION in-12.

89. **Gérard** (Rosemonde.) (Mme Edmond Rostand). Les Pipeaux. *Paris. Lemerre*, 1889, in-12, br. *couverture*.

EDITION ORIGINALE, très rare.
Nom manuscrit sur la couverture.

90. **Goncourt** (Edmond et Jules de) : Idées et Sensations. — Madame Gervaisais. — *Paris, Lacroix, Verboeckhoven*, 1866-1869. — Ens. 2 vol. in-8, br. couvertures.

EDITIONS ORIGINALES.
Le premier volume porte un ENVOI AUTOGRAPHE des auteurs.

91. **GOURDAULT** (Jules). **L'Italie**, illustrée de 450 gravures sur bois. *Paris, Hachette*, 1877, in-4, fig. d'Em. Bayard, Girardet, Lancelot, Riou, etc. mar. r. dos orné, fil. et comp. à la Du Seuil, dent. int. tr. dor. (*Broca et Kaufmann.*)

Bel exemplaire, un des très rares tirés sur PAPIER DE CHINE.

92. **Halévy** (Ludovic). Madame et Monsieur Cardinal. Douze vignettes par Edmond Morin. *Paris, Michel Lévy*, 1872, in-12, vign. br. *couverture*.

EDITION ORIGINALE.

93. **Halévy** (Ludovic). Les Petites Cardinal. Douze vignettes par Henry Maigrot. *Paris, Calmann Lévy*, 1880, in-12, vign. demi-rel. bradel mar. r. avec coins, non rog. *couverture*. (*Loisellier*.)

EDITION ORIGINALE.
ENVOI AUTOGRAPHE de l'auteur à PIERRE VÉRON.

94. **Haller** (Mme Gustave Fould, dite Gustave). Le Clou au couvent. Aimez-vous. *Paris, Calmann Lévy*, 1878, in-8, *couverture illustrée* par A. de Neuville, br.

Edition originale.
Envoi autographe de l'auteur : *A ma chère bien aimée Consuelo Fould, Sa petite maman, l'auteur* : Valérie Fould.

95. **Huart** (Louis). Muséum parisien. Histoire physiologique, pittoresque, philosophique et grotesque de toutes les bêtes curieuses de Paris et de la banlieue, pour faire suite à toutes les éditions des œuvres de M. de Buffon. Texte par M. Louis Huart, 350 vignettes par MM. Grandville, Gavarni, Daumier, Traviès, Lécurieur et Henri Monnier. *Paris, Beauger*, 1841, gr. in-8, vign. gr. demi-rel. mar. olive à long grain avec coins, dos orné, fil. tête dor. non rog. *couverture illustrée. (Loiselier.)*

Premier tirage.
Bel exemplaire lavé et encollé.

96. **Hugo** (Victor). Les Burgraves, trilogie. *Paris, E. Michaud*, 1843, in-8, demi-rel. mar. r. à long grain avec coins, dos orné de fers romantiques, fil. tête dor. non rog. *couverture. (Mercier.)*

Edition originale.
Bel exemplaire lavé et encollé; il provient de la bibliothèque de M. Hartogh.

97. **Hugo** (Victor). Hernani, ou l'Honneur castillan, drame. *Paris, Mame et Delaunay-Vallée*, 1830, in-8, *couverture*.

Edition originale.
Exemplaire lavé, encollé et préparé pour la reliure.

98. **Hugo** (Victor). Hernani, ou l'Honneur castillan, drame. *Paris, Mame et Delaunay-Vallée*, 1830, in-8, *couverture*.

Edition originale.
Exemplaire lavé, encollé et préparé pour la reliure. Il renferme après la page 154 un catalogue des éditeurs *Mame et Delaunay-Vallée* (12 pp.) et un prospectus des *Œuvres complètes d'Hoffmann* publiées par *Renduel* (4 pp. in-12 sur papier chamois.)

99. **HUGO** (Victor). **Le Roi s'amuse**, drame. *Paris, Renduel*, 1832, in-8, frontispice de Johannot, gravé sur bois par Andrews et tiré sur Chine, *couverture*.

Edition originale.
Exemplaire lavé, encollé et préparé pour la reliure.

100. **HUGO** (Victor). **RUY BLAS**. *Paris, Delloye*, 1838, in-8, demi-rel. mar. r. à long grain avec coins, dos orné de fers romantiques, fil. non rog. *couverture. (Mercier.)*

Edition originale, rare.
Bel exemplaire, lavé et encollé, portant sur le faux-titre un envoi auto-

GRAPHE de VICTOR HUGO à MICHELET : « *Un homme qui le comprend et qui l'aime. — V. H.* »
De la bibliothèque de M. HARTOGH.

101. **Huysmans** (J.-K.) : En Route. — La Cathédrale. — Sainte Lydwine de Schiedam. — L'Oblat. — *Paris, Tresse et Stock*, 1895-1903. — Ens. 4 vol. in-12, br. *couvertures*.

ÉDITIONS ORIGINALES.

102. **Jullien** (Adolphe). La Comédie à la Cour, les théâtres de Société royale pendant le siècle dernier. *Paris, Firmin-Didot*, 1883, in-4, pap. vélin, front. en chromolith. portrait et pl. br. *couverture*.

103. **Kunst** und Kunsthandwerk. *Wien, Artaria*, 1898, 12 numéros en 9 fasc. gr. in-4. nombr. fig. et pl. en noir et en couleur, br. *couvertures illustrées*.

Année 1898 complète.

103 *bis*. **La Bédollière** (Émile de). Londres et les Anglais, illustrés par Gavarni. *Paris, Barba, s. d.* (1862), in-4, texte encadré, 24 fig. hors texte gr. sur bois, br. *couverture illustrée*.

PREMIER TIRAGE.

104. **La Rochefoucauld** (vicomte de). Pèlerinage à Goritz. *Paris, Houdaille*, 1839, in-8, *couverture*.

ÉDITION ORIGINALE, rare.
Exemplaire lavé, encollé et préparé pour la reliure. — ENVOI AUTOGRAPHE de l'auteur.

105. **Lemaitre** (Jules) : Le Député Leveau, comédie en quatre actes. — Mariage blanc, drame en trois actes. — Flipote, comédie en trois actes. — *Paris, Calmann Lévy*, 1891-1893. — Ens. 3 vol. in-12, cart. bradel, demi-perc. grise, non rog. *couvertures*. (*Lemale*.)

ÉDITIONS ORIGINALES.
L'exemplaire de *Flipote* est celui de Mlle MARIA LEGAULT, créatrice du rôle de Flipote ; il porte sa SIGNATURE sur le faux-titre et des ANNOTATIONS AUTOGRAPHES pour la scène.

106. **Lemaitre** (Jules). Petites Orientales. Une Méprise. Au Jour le jour. *Paris, Lemerre*, 1883, in-12, br. *couverture*.

ÉDITION ORIGINALE.

107. **Lemercier de Neuville**. Théâtre des Pupazzi, par L. Lemercier de Neuville. *Lyon, Scheuring*, 1876, in-8, papier vergé, portr. et vign. gr. à l'eau-forte, demi-rel. mar. vert avec coins, dos orné, fil. tête dor. non rog. (*Pagnant*.)

PREMIER TIRAGE.
Premier plat de la couverture illustrée conservé.

108. **Le Noble** (Alex.). La Rapinéide, ou l'Atelier, poème burlesco-comico-tragique en 7 chants par un ancien rapin des ateliers Gros et Girodet (Alex. Le Noble). *Paris, Barraud,* 1870, in-8, front. et 7 eaux-fortes hors texte, vign. gr. sur bois, demi-rel. bradel mar. orange avec coins, dos orné, fil. tête dor. non rog. *couverture illustrée.*

Tiré à petit nombre.
Exemplaire sur GRAND PAPIER DE HOLLANDE.

109. **LOUANDRE** (Ch.). **Les Arts somptuaires.** Histoire du costume et de l'ameublement et des arts et industries qui s'y rattachent, sous la direction de Hangard-Maugé. Dessins de C. Ciappori. Introduction générale et texte explicatif par Ch. Louandre. *Paris, Hangard-Maugé,* 1857-1858, 2 vol. in-4 de texte avec frontispices et 2 vol. in-4 de planches en couleur, v. olive, dos orné, comp. et milieu dor. tr. dor.

Bel exemplaire.

110. **Louys** (Pierre). Les Aventures du roi Pausole. *Paris, Charpentier,* 1901, in-8, papier vélin, br. *couverture.*

EDITION ORIGINALE.

111. **Malo** (Charles). Le Simplon, promenade pittoresque de Genève à Milan (par Charles Malo). *Paris, Janet, s. d.* (1824), pet. in-12, titre-front et 11 pl. gr. et *finement coloriés,* cart. illustré en couleur, tr. dor. dans un étui.

Joli petit volume dans son *cartonnage original* de la plus grande fraîcheur.

112. **Ménard** (Louis) : La Morale avant les philosophes. Deuxième édition. *Paris, Charpentier,* 1863. — Du Polythéisme hellénique. *Paris, Charpentier,* 1863. — Histoire des Israélites d'après l'exégèse biblique. *Paris, Delagrave,* 1883, front. et fig. — Ens. 3 vol. in-12, br. *couvertures.*

Les deux derniers ouvrages sont en ÉDITIONS ORIGINALES, mais la couverture du *Polythéisme hellénique* porte : Deuxième édition.

113. **Mérimée** (Prosper). La Chambre bleue. Nouvelle dédiée à Madame de la Rhune (par Prosper Mérimée). *Bruxelles, Librairie de la place de la Monnaie,* 1872, in-8, demi-rel. bradel mar. bleu avec coins, non rog. *couverture.*

EDITION ORIGINALE, tirée seulement à 129 exemplaires de cette nouvelle dont le manuscrit original fut trouvé dans les papiers des Tuileries et qui fut écrite pour l'impératrice Eugénie.
Bel exemplaire, avec sa couverture imprimée portant le nom de l'auteur, auquel on a ajouté une LETTRE AUTOGRAPHE signée de MÉRIMÉE à M. PERROT. (1 p. in-4).

114. **Mérimée** (Prosper). La Guzla, ou Choix de poésies illyriques, recueillies dans la Dalmatie, la Bosnie, la Croatie et

l'Herzégovine (composé par Prosper Mérimée). *Paris, F.-G. Levrault*, 1827, in-12, portr. lithogr. *cart. original*, non rog.

ÉDITION ORIGINALE.

115. **Méry** (Joseph). La Guerre du Nizam. *Paris, Victor Magen*, 1847, 3 vol. in-8, br. *couvertures*.

ÉDITION ORIGINALE.

116. **Méry** et **Barthélemy**. La Villéliade, ou la Prise du Château Rivoli. Poëme héroï-comique, augmenté d'un chant, 15e édition, ornée de 11 vignettes dessinées par Devéria, gravées par Thompson. *Paris, Dupont*, 1827, in-8, vign. gr. sur bois, *couverture*.

PREMIER TIRAGE des vignettes de Devéria.
Exemplaire lavé, encollé et préparé pour la reliure.

117. **Monnier** (Henry). Mémoires de Monsieur Joseph Prudhomme. *Paris, Librairie nouvelle*, 1857, 2 vol. — La Religion des Imbéciles. *Paris, Dentu, s. d.* — Ens. 3 vol. in-12, br. *couvertures*.

ÉDITIONS ORIGINALES.

118. **Montesquiou** (Robert de). Prières de Tous. Huit dizaines d'un chapelet rythmique. Dessins de Mme Madeleine Lemaire. *Paris, Maison du Livre*, 1902, in-4, texte encadré de fleurs et 80 vignettes, br. *couverture illustrée*.

ÉDITION ORIGINALE.
Un des 50 exemplaires sur PAPIER DE CHINE.

119. **Montorgueil** (Georges). L'Année féminine : (1895). Les Déshabillés au Théâtre. — (1896). Les Parisiennes d'à présent. Illustrations de Henri Boutet. — *Paris, Floury*, 1896-1897. — Ens. 2 vol. in-8, nombr. pl. fig. et vign. en couleur, br. *couvertures illustrées*.

ÉDITIONS ORIGINALES.

120. **Murger** (Henry). Scènes de la Bohême. *Paris, Michel Lévy*, 1851, in-12, *couverture*.

ÉDITION ORIGINALE, rare.
Exemplaire lavé, encollé et préparé pour la reliure. — Timbre (P.-F.-M.) sur la couverture et la première page.

121. **Nef** (La) de Lutèce pour tous pérégrins et gentilshomes voyageans es rües du moult viel quartier du Vieulx-Paris inclyte, royalle et joyeuse cité. *Se vend au Vieulx Paris*, 1900, in-4, texte en car. gothiques, nombr. fig. en r. et noir, cartonné toile, fers spéciaux.

On y a joint : *Gazette du Vieux Paris*, rédigée par une Société d'écrivains des *Annales politiques et littéraires*, 14 numéros in-4, fig.

122. **Nolhac** (Pierre de). Tableaux de Paris pendant la Révolution française, 1789-1792. Soixante-quatre dessins originaux de J.-L. Prieur, publiés par Pierre de Nolhac. *Paris, « Le Livre et l'Estampe »*, 1902, in-fol. papier de Hollande, 64 pl. gr. en taille-douce, cart. perc. *non rog.*

Tiré à petit nombre.

123. **Pierrot** (Le). Directeur : A. Willette. Rédacteur en chef : Emile Goudeau. *Paris, 6 juillet 1888* (origine) *au 26 avril 1889*, in-fol. nombr. fig. de Willette, cart. demi-bradel, perc. grise avec coins, non rog.

Collection complète.

124. **Prospectus** illustrés et couvertures de livraisons d'ouvrages de la période romantique. — Réunion de 64 pièces in-12, in-8 et in-4, ornées de figures sur bois.

Intéressante réunion renfermant les prospectus de *Boccace*, *Cent Proverbes*, *Gil Blas*, *Gulliver*, *Don Quichotte*, *Jérôme Paturot*, *Jérusalem délivrée*, *Mémorial de Sainte-Hélène*, *Molière*, *le Monde tel qu'il sera*, *Petites misères de la vie conjugale*, *Petites misères de la vie humaine*, *Scènes de la vie privée des animaux*, *le Diable à Paris* ; etc., etc.

125. **Prospectus** illustrés d'ouvrages publiés par les éditeurs Boudet, Conquet, Ferroud, Pelletan, Romagnol, Testard, Vollard, etc. — Réunion de 80 pièces de divers formats avec nombr. fig. à l'eau-forte.

126. **Quinze** jours en Suisse. Promenades d'un jeune peintre français dans les cantons du Midi. *Paris, Louis Janet, s. d.* (1823), pet. in-12, titre-front. et 3 pl. *en couleur*, cart. dos orné, large dent. tr. dor. dans un étui. (*Cartonnage original.*)

127. **Rachilde** : Le Mordu. Mœurs littéraires. *Paris, Brossier*, 1889. — Monsieur Vénus. *Paris, Brossier*, 1889. — Edgar **Monteil**. La Jambe. *Paris, Dreyfous, s. d.* — Henri **d'Argis**. Sodome. Préface par P. Verlaine. *Paris, Charles*, 1889. — Ens. 4 vol. in-12, dont un br. et trois cart. bradel demi-perc. non rog. *couvertures*.

Editions originales.

128. **Reiber** (Ferd.). La Montagne Verte (par Ferd. Reiber). *S. l. n. d.* (*Strasbourg, Schultz*, 1877), in-4 de 28 pp. et 2 ff. pap. de Hollande, 13 pl. gr. à l'eau-forte, br. *couverture*.

Publication de luxe, tirée à petit nombre pour les *Membres du Cercle vicieux*, pour le compte de Ferdinand et de Paul Reiber, et non mise dans le commerce.

Lettre autographe (relative à l'ouvrage) et portrait de l'auteur ajoutés.

129. **Renan** (E.) et M. **Berthelot**. Correspondance. 1847-1892. *Paris, Calmann Lévy*, 1898, in-8, br. *couverture*.

Edition originale.
Un des 25 exemplaires numérotés sur papier de Hollande (n° 7).

130. **Renard** (Jules). Poil de carotte, comédie en un acte, représentée pour la première fois, le 2 mars 1900, au Théâtre Antoine. *Paris, Ollendorff*, 1900, in-12 (tiré pet. in-8, br. *couverture illustrée*.

Edition originale.
Un des 10 exemplaires sur grand papier de Chine (n° 4).

131. **Renaud** (Jean-Louis). L'Homme aux poupées. Dessins de Jean Veber. *Paris, H. Floury, s. d.* grand in-12 carré, papier vélin de Rives, fig. teintées, demi-rel. bradel mar. r. avec coins, dos orné, fil. tête dor. non rog. *couverture illustrée*.

Edition originale, tirée à 225 exemplaires.

132. **Réval** (G.): Les Sévriennes. — Un Lycée de jeunes filles. Professeurs-femmes. — Lycéennes, roman. — *Paris, Ollendorff*, 1900-1902. — Ens. 3 vol. in-12, br. *couvertures*.

Editions originales.

133. **Reybaud** (Louis). Jérôme Paturot à la recherche de la meilleure des Républiques. Edition illustrée par Tony Johannot. *Paris, Michel Lévy*, 1849, gr. in-8, 30 pl. et nombr. vign. gr. sur bois, perc. noire, fers spéciaux, tr. dor.

Premier tirage.
Bel exemplaire dans son *cartonnage original*, très frais.

134. **Robida** (A.). Voyage de fiançailles au XXe siècle Texte et dessins par A. Robida. *Paris, Conquet*, 1892, in-12, front. et fig. tirés en bistre, br. *couverture illustrée*.

Tiré à 300 exemplaires.
Un des 100 exemplaires numérotés sur papier du Japon.

135. **Romantiques**: Balzac. Théorie de la démarche. *Paris, Didier*, 1853, pet. in-12. — Ch. Baudelaire. Traduction des Histoires grotesques d'Edgar Poe. *Paris, Michel Lévy*, 1865, in-12. — Léon Gozlan. Les Emotions de Polydore Marasquin. *Paris, Michel Lévy*, 1857, in-12 — Méry. La Guerre du Nizam. *Paris, Hachette*, 1859, in-12. — Ens. 4 vol. br. *couvertures*.

Les trois premiers ouvrages sont en éditions originales; le quatrième en première édition in-12.

136. **Rostand** (Edmond). Les Musardises. *Paris, Lemerre*, 1890, in-12, br. *couverture*.

Edition originale, rare.
Envoi autographe de l'auteur (le nom du destinataire est effacé).

137. **Rostand** (Edmond). La Princesse lointaine, pièce en quatre actes, en vers. *Paris, Charpentier et Fasquelle,* 1895, in-12, br. *couverture.*

Edition originale.

138. **Rostand** (Edmond). La Samaritaine, évangile en trois tableaux, en vers. *Paris, Charpentier et Fasquelle*, 1897, in-8 carré, *couverture illustrée.*

Edition originale.

139. **Salis** (Rodolphe). Contes du Chat Noir. Le Printemps. Dessins de Loys, Henri Rivière, Henri Pille, Henry Somm, Robida, Fernand Fau, Steinlen, Sabattier, St Maurice, George Auriol, Rœdel, Vincent. Préface de Francisque Sarcey. *Paris, Dentu,* 1891, in-8, fig. demi-rel. mar. r. avec coins, fil. tête dor. non rog. *couverture illustrée.*

Edition originale.

140. **Samain** (Albert). Le Chariot d'Or. — Symphonie héroïque. *Paris, Société du Mercure de France,* 1901, in-12, br. non rog *couverture.*

Edition originale.
Un des 29 exemplaires numérotés sur papier de Hollande (no 16).

141. **Samain** (Albert). Aux Flancs du Vase. *Paris, édition du Mercure de France,* 1898, gr. in-8, br. *couverture.*

Edition originale, tirée à petit nombre.
Exemplaire sur grand papier de Hollande.

142. **Samain** (Albert). Aux Flancs du Vase, suivi de Polyphème et de Poèmes inachevés. *Paris, Société du Mercure de France,* 1902, in-12, br. non rog. *couverture.*

Edition définitive de *Aux Flancs du Vase* et première édition de *Polyphème* et des *Poèmes inachevés.*
Un des 19 exemplaires sur papier de Hollande (no 12).

143. **Sandeau** (Jules). Sacs et parchemins. *Paris, Michel Lévy,* 1851, 2 vol. in-12, *couvertures.*

Première édition in-12.
Exemplaire lavé, encollé et préparé pour la reliure.

144. **Sandeau** (Jules) : Sacs et parchemins. *Paris, Michel Lévy,* 1851 ; 2 vol — Un Début dans la magistrature. *Paris, Michel Lévy,* 1863. — Ens. 3 vol. in-12, br. *couvertures.*

Le premier ouvrage est en première édition in-12 (tache au second plat de la couverture et au dernier f. du tome I ; piqûres d'humidité) ; le second est en édition originale (la couverture est datée de 1862).

145. **Sardou** (Victorien) : La Perle noire. Roman. *Paris, Michel Lévy,* 1862, in-12. — V. **Sardou** et E. **de Najac**. Divorçons !

Comédie. *Paris, Calmann Lévy*, 1883, in-8. — Ens. 2 vol. br. *couvertures.*

Éditions originales.

146. **Sardou** (Victorien). Rabagas, comédie en cinq actes, en prose. *Paris, Michel Lévy*, 1872, in-8, br. *couverture.*

Edition originale, rare.

147. **Stendhal** (Henri Beyle, dit). Journal de Stendhal (Henri Beyle), 1801-1814, publié par Casimir Stryienski et François de Nion. *Paris, G. Charpentier*, 1888, in-12, portr. br. *couverture.*

Edition originale.
Un des 25 exemplaires sur papier de Hollande (nº 22).

148. **Stendhal** (Henri Beyle, dit). Souvenirs d'égotisme. Autobiographie et lettres inédites publiés par Casimir Stryienski. *Paris, Bibliothèque Charpentier*, 1892, in-12, br. *couverture.*

Edition originale.
Un des 10 exemplaires sur papier de Hollande (nº 3).

149. **Studio** (The). Summer number, presented by the members of the Art workers Guild. *Paris, Ollendorff, juillet* 1899, in-4, nombr. pl. en noir et en couleur, br. *couverture illustrée.*

4 exemplaires.

150. **Süe** (Eugène). Œuvres. *Paris, Flammarion, s. d.* 45 vol. in-12, cart. perc. r. fers spéciaux.

Collection complète.

151. **Taine** (H.). Voyage aux eaux des Pyrénées, illustré de 65 vignettes sur bois par G. Doré. *Paris, Hachette*, 1855, in-12, fig. sur bois, br. *couverture.*

Edition originale.
Premier tirage des figures de Gustave Doré.

152. **Théâtre**. — Réunion de 4 plaquettes et 4 vol. in-12 et in-8, br. *couvertures.*

Editions originales.
Ed. Pailleron. La Souris, comédie. *Paris, Calmann Lévy*, 1888. — Ephraïm Mikhael. Le Cor fleuri, féerie. *Paris, Tresse et Stock*, 1888. (*Lettre autographe de l'auteur*, adressée à Antoine, ajoutée ; elle est des plus curieuses et a rapport à la pièce qu'il demande de retirer, 7 pp. in-12). — Alphonse Allais. Une Idée lumineuse, monologue. *Paris, Ollendorff*, 1888. — Armand Silvestre et Eug. Morand. Grisélidis, mystère. *Paris, Kolb*, 1891. — Virgile Josz et Louis Dumur. Rembrandt, drame. *Paris, Société du Mercure de France*, 1896, cart. perc. blanche, couv. non rog. (*Envoi autographe*). — Th. Henry. Les Violettes, comédie. *Paris, Fasquelle*, 1900. — Edm. Rostand. L'Aiglon, drame. *Paris, Fasquelle*, 1900. — G. Courteline. L'Article 330, comédie. *Paris, Stock*, 1901.

153. **THÉATRE** (Le). Revue illustrée. *Paris, Boussod, Manzi*, 1898-1903, 10 vol. gr. in-4, nombr. portr. pl. et fig. en noir et en couleur, en 120 fasc., *couvertures illustrées*.

Collection complète, très rare, avec les titres et tables.

154. **Uzanne** (Octave). Visions de notre heure. Choses et gens qui passent. Notations d'art, de littérature et de vie pittoresque. *Paris, Floury*, 1899, in-8, front. br. *couverture illustrée*.

Edition originale.

155. **Villiers de l'Isle-Adam** (le comte de). L'Eve future. *Paris, de Brunhoff*, 1886, in-12, demi-rel. bradel mar. bleu avec coins, non rog. *couverture illustrée*. (*Carayon*.)

Edition originale.

156. **Willette** (Ad.). V'là les English! *Paris, Juven, Floury, s. d.* (1900), in-4, fig. en noir et pl. en couleur, br. *couverture illustrée*.

Numéro spécial du *Rire*, renfermant 19 dessins de Willette, dont 5 en couleur.
Un des 100 exemplaires numérotés sur papier du Japon, contenant le *tirage à part* en noir, sur Chine volant, des planches en couleur.

157. **Zola** (Emile). Nana. *Paris, G. Charpentier*, 1880, in-12, br. *couverture*.

Edition originale.
Exemplaire sur papier de Hollande; le dos de la couverture est brisé.

---

158. **Autographes**. — Réunion de 36 *lettres autographes* signées de Jean Aicard, Barrière, Bersot, Dubufe, Egger, Eudel, Herbette, Patin, baron Pichon, Mme Le Verrier (femme de l'astronome, sept lettres), etc., etc.

---

159. **Corneille** (Pierre). Œuvres. Nouvelle édition revue sur les plus anciennes impressions et les autographes et augmentées de morceaux inédits, de variantes, notices, par M. Ch. Marty-Laveaux. *Paris, Hachette*, 1862-1868, 12 vol. in-8 et 1 album gr. in-8, br. *couvertures*.

De la collection des *Grands Ecrivains*.
Exemplaire sur grand papier vélin (nº 86).

160. **Fénelon**. Les Aventures de Télémaque et les Aventures d'Aristonoüs par Fénelon... Edition illustrée d'après les

dessins de MM. Tony Johannot, Baron, Cél. Nanteuil, etc. *Paris*, *Didier*, 1861, gr. in-8, nombr. vign. et fig. hors texte gr. sur bois et tirées sur Chine, mar. r. fil. dor. et à fr. encadrement à la de Tournes avec fleurons aux angles. chiffre au centre des plats, dent. int. tr. dor. (*Gruel.*)

Bel exemplaire de M. ALFRED PIET.

161. **Gringore** (Pierre). La Chasse du Cerf des cerfs. *S. l. n. d.* (*Paris, Pinard*, 1829), pet. in-8 de 8 ff. non ch. fig. sur bois, mar. vert, genre bradel, non rog.

Réimpression figurée d'un opuscule fort rare, tirée à 42 exemplaires.
Un des 4 exemplaires sur PAPIER DE CHINE ROSE : il provient de la collection de M. A. MERCIER.

162. **La Fontaine** (Jean de). Œuvres. Nouvelle édition revue sur les plus anciennes impressions et les autographes et augmentée de variantes, de notices, de notes, par M. Henri Régnier. *Paris*, *Hachette*, 1883-1897, 11 vol. in-8 et 1 album gr. in-8, br. *couvertures*.

De la collection des *Grands Ecrivains*.
Exemplaire sur GRAND PAPIER VÉLIN (n° 90).

163. **Malherbe**. Œuvres complètes, recueillies et annotées par M. L. Lalanne. *Paris*, *Hachette*, 1862-1869. 5 vol. in-8 et 1 album gr. in-8, br. *couvertures*.

De la collection des *Grands Ecrivains*.
Exemplaire sur GRAND PAPIER VÉLIN (n° 26).

164. **Molière**. Psyché, tragédie-ballet ornée de six planches hors texte et six culs-de-lampe gravés à l'eau-forte par Champollion et publiée sous la direction de M. Em. Bocher. *Paris*, *Librairie des bibliophiles*, 1880, in-4, culs-de-lampe gr. br. *couverture illustrée*.

Tiré à petit nombre.
Un des 20 exemplaires sur PAPIER WHATMAN (n° 33). — Incomplet des planches.

165. **Molière**. Œuvres. Nouvelle édition revue sur les plus anciennes impressions et augmentée de variantes, de notices, de notes, par M. Eugène Despois. *Paris*. *Hachette*, 1873-1900, 13 vol. et une plaquette in-8 et 1 album gr. in-8, br. *couvertures*.

De la collection des *Grands Ecrivains*.
Exemplaire sur GRAND PAPIER VÉLIN (n° 160).

166. **Molière**. Les Points obscurs de la vie de Molière. Les Années d'étude. Les Années de lutte et de vie nomade. Les Années de gloire. Mariage et ménage de Molière, par Jules Loiseleur.

Avec un portrait de Molière gravé à l'eau-forte par Ad. Lalauze. *Paris, Liseux*, 1877, in-8, portr. br. *couverture*.

ÉDITION ORIGINALE.
Un des dix exemplaires sur PAPIER DE CHINE (n° 4) avec le portrait en quatre états : en noir avec la lettre, et en noir, bistre et sanguine AVANT LA LETTRE.

167. **Pascal** (Blaise). Les Provinciales. Nouvelle édition d'après les manuscrits autographes, les copies authentiques et les éditions originales par M. Prosper Faugère. *Paris, Hachette*, 1886-1895, 2 vol. gr. in-8, br. *couvertures*.

De la collection des *Grands Ecrivains*.
Exemplaire numéroté sur GRAND PAPIER VÉLIN (n° 53).

168. **Prévost** (l'abbé). Histoire de Manon Lescaut et du chevalier Des Grieux. Préface de Guy de Maupassant. Illustrations de Maurice Leloir. *Paris, Launette*, 1885, in-4, pap. vélin, 12 pl. à l'eau-forte et nombr. vign. br. *couverture illustrée*.

PREMIER TIRAGE.
On a ajouté les 2 eaux-fortes supplémentaires gr. par A. Boulard fils d'après les aquarelles de Maurice Leloir, 2 pl. sous couverture.

169. **Rabelais**. Œuvres. Edition conforme aux derniers textes revus par l'auteur, une notice et un glossaire par Pierre Jannet. Illustrations de A. Robida. *Paris, Librairie illustrée, s. d.* 2 vol. in-4, pl. en noir et en couleur et nombr. fig. br. *couverture illustrée*.

PREMIER TIRAGE.

170. **Rabelais**. Les Songes drolatiques de Pantagruel, où sont contenues plusieurs figures de l'invention de maistre François Rabelais avec une introduction et des remarques par M. E. T. (Tross). *Paris, Tross*, 1869, in-8, fig. sur bois, mar. r. dos orné, fil. dent. int. non rog. (*Masson-Debonnelle.*)

Bel exemplaire, un des 3 tirés sur PEAU DE VÉLIN ; on y a ajouté le portrait de Rabelais, gravé par *Savart* d'après Sarrabat.

171. **Racine** (Jean). Œuvres. Nouvelle édition revue sur les plus anciennes impressions et les autographes et augmentée de morceaux inédits, variantes, notes... par M. Paul Mesnard. *Paris, Hachette*, 1865-1873, 8 vol. in-8 et 1 album gr. in-8, br. *couvertures*.

De la collection des *Grands Ecrivains*.
Exemplaire sur GRAND PAPIER VÉLIN (n° 116).

172. **Regnier** (Mathurin). Œuvres complètes, accompagnées d'une notice biographique et bibliographique, de variantes, de notes, d'un glossaire et d'un index, par E. Courbet. *Paris, Lemerre*, 1875, gr. in-8, br. *couverture*.

Un des 30 exemplaires numérotés sur GRAND PAPIER DE CHINE.

173. **René d'Anjou**. Œuvres complètes, avec une biographie et des notices par le comte de Quatrebarbes. *Angers*, 1845, 4 vol. in-4, fig. chag. La Vall. foncé, fil. et comp. plats couverts d'un semis d'ornements à froid, dent. int. tr. dor. (*Petit-Simier.*)

Ouvrage recherché, orné de nombreux dessins et ornements, d'après les tableaux et manuscrits originaux.

174. **Retz** (cardinal de). Œuvres. Nouvelle édition revue sur les plus anciennes impressions et les autographes et augmentée de variantes, de notices, par MM. A. Feillet, J. Gourdault et R. Chantelauze. *Paris, Hachette*, 1872-1896, 10 vol. in-8, br. *couvertures*.

De la collection des *Grands Ecrivains*.
Exemplaire sur GRAND PAPIER VÉLIN (n° 81).

175. **Taillevent** (Guillaume Tirel, dit). Le Viandier ; 1326-1395 ; publié sur le manuscrit de la Bibliothèque nationale par le baron Jérôme Pichon et Georges Vicaire. *Paris, Techener*, 1892, in-8, papier vélin du Marais, 7 pl. br. *couverture*.

Tiré à petit nombre.

SUITES DE FIGURES. — PORTRAITS. — ETC.

176. **About** (Edmond). — Suite de 1 portrait et 7 fig. in-8, gr. à l'eau-forte par Mongin, d'après Ch. Delort, pour le *Roi des Montagnes*, édition *Jouaust*.

Epreuves AVANT TOUTE LETTRE, *avec remarque*, tirées sur HOLLANDE de format in-4.

177. **Beaumarchais**. — Suite de 5 figures grand in-8 en largeur, par Naudet, pour le *Mariage de Figaro. — Se vend chez Leblanc fils, à St Etienne en Forêt, à la salle de comédie.*

Une pièce est sans marge.

178. **Boccace**. — Suite de 8 fig. in-8, de Marillier, entourées de médaillons représentant les sujets des contes de Boccace et de La Fontaine, pour les *Nouvelles*, traduction de Mirabeau, édition *Duprat*, 1802.

Epreuves à toutes marges.

179. **Boileau**. — Suite de 1 portrait par Saint-Aubin et 6 fig. in-8, par Moreau le jeune, pour le *Lutrin*, édition *Renouard*.

Superbes épreuves AVANT LA LETTRE, sur papier de Hollande à toutes marges.

180. **Boileau.** — Suite de 1 portrait gr. par Ethiou d'après Devéria et 6 fig. in-8 par Desenne, pour le *Lutrin*, édition *Lefèvre*, 1821.

Epreuves AVANT LA LETTRE, sur CHINE, tirées grand in-8.

181. **Boileau.** — Suite de 1 portrait, gr. par Ethiou d'après Devéria et 6 fig. in-8, par Desenne, pour le *Lutrin*, édition *Lefèvre*, 1821.

Epreuves en double état : AVANT LA LETTRE et EAUX-FORTES PURES. — Le portrait n'est qu'en épreuve avant la lettre.
On a ajouté la même suite, pour l'édition *Furne*, 1827, en épreuves avec la lettre sur CHINE.

182. **Byron** (Lord). — Suite de 12 fig. in-8, dont trois portraits, par Alfred et Tony Johannot, pour les *Œuvres*, édition *Furne*, 1830-1833.

Epreuves du PREMIER TIRAGE sur CHINE, *avec la lettre blanche*.

183. **Chateaubriand.** — Suite de 24 fig. in-8 d'Alfred et Tony Johannot, pour les *Œuvres*, édition *Furne*, 1833.

Epreuves sur CHINE, *avec la lettre blanche*.

184. **Colardeau.** — Suite de 7 figures in-8 de Monnet, pour le *Temple de Gnide*, édition *Lejay*, 1773.

On a ajouté à cette suite la figure du *Chant II* en épreuve AVANT LA LETTRE et 2 figures pour *Caliste*, tragédie, par Monnet, épreuves AVANT LA LETTRE.

185. **Corneille.** — Suite de 1 frontispice gr. par Watelet d'après Pierre et 34 fig. in-8, par Gravelot, pour le *Théâtre*, édition de *Genève*, 1764.

Très belles épreuves du *premier tirage*, lavées, encollées et remmargées grand in-8.
On y a ajouté l'EAU-FORTE PURE d'une des figures (*Ce n'est qu'avec le jour*).

186. **Corneille.** — Suite de 2 portraits par Saint-Aubin et 24 fig. in-8, par Moreau, pour les *Œuvres*, édition *Renouard*, 1817.

Très belles épreuves à toutes marges sur papier vélin, auxquelles on a ajouté 10 figures de la même suite en épreuves AVANT LA LETTRE, avec marges.

187. **Corneille.** — Portraits divers. — Réunion de 12 pièces.

Médaillon du titre gravé du *Temple de Gnide*, de Colardeau ; 2 états, dont un en *tirage à part* remmargé. — Médaillon du titre des *Epreuves du sentiment* d'Arnaud ; 2 états, dont un *tirage à part* remmargé. — Gr. par *Delvaux* d'après Le Brun. — Gr. par *Gaucher* d'après Le Brun, 2 épreuves dont une AVANT LA LETTRE. — Gr. par *Watelet*, d'après Pierre (front. de l'éd. de Genève, 1764). — Gr. par *Wedgwood*, 3 états : AVANT LA LETTRE, *avant le nom du graveur* et EAU-FORTE. — Th. Corneille, gr. par *Ensom*, d'après Devéria, à l'état d'EAU-FORTE.

188. **Daudet** (Alphonse). — Suite de 1 portrait gr. par Martinez et 5 eaux-fortes dessinées et gravées par F. Buhot pour les *Lettres de mon Moulin*, édition *Lemerre*.

Epreuves AVANT LA LETTRE, sur CHINE VOLANT de format grand in-8, lavées et encollées.

189. **Fréron** et **Colbert**, duc d'Estouteville. — Suite de 1 titre-frontispice, 1 figure, 1 vignette en-tête et 1 cul-de-lampe, par Eisen, pour *Adonis*, édition de *Musier*, 1775, in-8.

Superbes épreuves avec marges, lavées, encollées et montées sur châssis de format in-4.

On a ajouté une épreuve AVANT LA LETTRE du frontispice (très rare en cet état).

190. **Gautier** (Théophile). — Suite de 1 portrait et 13 fig. in-8 (sur 14), gr. à l'eau-forte par Mongin d'après Ch. Delort, pour le *Capitaine Fracasse*, édition *Jouaust*.

Epreuves AVANT TOUTE LETTRE (le nom du graveur à la pointe sèche), tirées sur HOLLANDE de format in-4.

191. **Gresset**: — Suite de 5 fig. in-18 de Moreau pour les *Œuvres choisies*, édition *Saugrain*, 1794. — Suite de 1 portrait et 6 fig. in-8 de Monnet, pour les *Œuvres*, édition *Volland*, 1793-1794. — Ens. 2 suites.

La suite de Moreau est à toutes marges; celle de Monnet est avec marges, lavée, encollée et montée sur châssis in-4; portrait AVANT LA LETTRE.

Très belles épreuves.

192. **Horace**. — Suite de 12 vignettes en-têtes, par Ch. Percier, pour les *Œuvres*, édition *Didot*, 1799, gr. in-fol.

Epreuves AVANT LA LETTRE sur CHINE.

On a ajouté l'EAU-FORTE d'une pièce.

193. **La Fontaine**. — Suite de 6 fig. in-12 (sur 8), de Moreau, pour les *Amours de Psyché et de Cupidon*, édition *Saugrain*, 1797.

Epreuves AVANT LA LETTRE et avec belles marges, lavées, encollées et montées sur châssis in-8.

194. **LA FONTAINE**. — Suite de 2 portraits et 80 fig. in-8 d'Eisen, pour les *Contes et Nouvelles*, édition des *Fermiers généraux*, 1762.

Belles épreuves avec grandes marges, lavées, encollées et montées sur châssis grand in-8.

On y a joint 3 pièces en état différent et 2 figures découvertes (le *Diable de Papefiguière* et le *Cas de conscience*.)

195. **La Fontaine**. — Suite de 1 titre général illustré, 1 frontispice, 5 titres de livres et 31 fig. in-8, gr. sur bois d'après

Tony Johannot, Devéria, Boulanger, Français, etc., pour les *Contes et Nouvelles*, édition *Bourdin*, 1839.

Très belles épreuves sur Chine, appliquées sur bristol in-4, après lavage et encollage.

196. **La Fontaine**. — Suite de 43 estampes in-4 (2 titres, 2 portraits, 34 figures, 3 vignettes et 2 culs-de-lampe) par Fragonard, pour les *Contes et Nouvelles*. Réimpression de l'édition Didot, 1795. Deuxième série : Planches terminées et eaux-fortes. *Paris*, *Lemonnier*, 1882.

Epreuves avant la lettre sur vergé de Hollande.

197. **La Fontaine**. — Suite de 12 fig. in-8 de Bergeret, dont un frontispice pour les *Fables*, édition de Ch. Nodier, publiées par *Eymery*, 1818.

Belles épreuves à toutes marges, sauf une montée sur châssis.
On y a joint : 6 figures de la même suite en épreuves avant la lettre et 1 à l'état d'EAU-FORTE.

198. **La Fontaine**. — 2 titres in-18 avec vignettes gr. par Henriquel-Dupont, d'après Desenne, pour les *Fables*, édition *Jombert* et *Méquignon-Marvis*, 1819-1820.

Belles épreuves, lavées, encollées et montées sur châssis in-8.
On a ajouté les *tirages à part* (très rares), sur Chine monté in-8, des vignettes des titres.

199. **La Fontaine**. — Suite de 1 portrait, 12 titres de livres et 12 fig. in-8, gr. sur bois d'après J. David, T. Johannot, F. Grenier, V. Adam, etc. pour les *Fables*, édition *Aubrée*, 1838.

Belles épreuves sur Chine, montées sur bristol petit in-4.

200. **La Fontaine**. — Suite de 2 frontispices, 12 titres de livres, 1 titre de départ et 240 fig. in-8, par Grandville, pour les *Fables*, éditions *Fournier*, 1838-39 et 1840.

Premier tirage, avec la lettre blanche.
Très belles épreuves sur Chine volant, très rares, lavées, encollées et à toutes marges.
La dernière figure du livre VII de la première suite et les titres de livres sont sur blanc. — On a ajouté les deux titres imprimés des volumes.

201. **La Fontaine**. — Suite de 1 portrait et 12 fig. in-16, gr. par Le Rat d'après Em. Adan, pour les *Fables*, édition *Jouaust*. (Petite Bibliothèque artistique.)

Epreuves avant toute lettre, *avec remarque*, tirées sur Hollande, de format in-4.

202. **La Fontaine**. — Suite de 1 portrait d'après Rigaud et 25 figures in-8 de Moreau, pour les *Œuvres*, édition *Lefèvre*, 1814.

Belles épreuves avant la lettre ; le portrait est en double état, dont un *avec la tablette blanche*.

203. **La Fontaine.** — Suite de 1 portrait et 12 fig. in-8 de Devéria, pour les *Œuvres*, édition *Igonette*, 1825.

Epreuves en double état : AVANT LA LETTRE et EAUX-FORTES (très rares).

204. **La Fontaine.** — Suite de 1 portrait et 12 fig. in-8, par Tony Johannot, pour les *Œuvres*, édition *Furne*, 1830.

Epreuves sur CHINE, *avec la lettre blanche*.

205. **La Fontaine.** — Suite de 1 portrait et 12 fig. in-8, par Tony Johannot, pour les *Œuvres*, édition *Furne*, 1830.

Belles épreuves en triple état : avec la lettre sur CHINE ; AVANT LA LETTRE tirées in-4 sur CHINE et EAUX-FORTES PURES (le portrait n'existe pas en cet état).

206. **La Fontaine.** — Figures anciennes et modernes pour illustrer ses Œuvres. — Réunion de 21 pièces de divers formats.

Jolies pièces par Cochin (*Les Rémois*), Colin, Devéria, Marillier (*Belphégor*), Moreau (*Joconde, les Amours de Psyché, la Fortune et le jeune enfant, la Matrone d'Ephèse* et *le Gascon puni*), Quéverdo, Girardet, etc.

Toutes ces pièces sont en épreuves de choix : quinze sont AVANT LA LETTRE et cinq sur CHINE.

207. **La Fontaine.** — Vignettes pour illustrer ses Œuvres. — Réunion de 137 pièces.

48 fig. in-18 de Desenne (dont un portrait) pour l'édition *Nepveu* ; épreuves à toutes marges dont dix-neuf AVANT LA LETTRE. — 10 titres de livres et 75 fig. in-8 de Grandville pour les *Fables*, édition *Fournier*, 1838. — 4 fig. in-8, par Moreau, Tony Johannot et Wattier.

208. **La Fontaine.** — Portraits divers anciens et modernes. — Réunion de 20 pièces.

Gr. par *La Chaussée*, d'après Rigaud ; par *Gaucher*, d'après le même (fleuron du titre des Fables, édition Renouard, 1793) ; par *Saint-Aubin*, d'après Julien ; par *Audouin*, d'après Rigault ; par *Bertonnier*, avec et AVANT LE CADRE ; par *Geraut*, d'après Devéria (La Fontaine et Mme de La Sablière), AVANT LA LETTRE et EAU-FORTE ; par *Hopwood*, 2 portraits dont un AVANT LA LETTRE sur CHINE ; par *Jehotte*, d'après Devéria, épreuve sur CHINE ; par *Müller*, d'après Devéria, AVANT LA LETTRE, sur CHINE ; par *H. Pauquet*, EAU-FORTE avancée, avec remarque ; par *Roger*, AVANT LA LETTRE sur CHINE ; par *A. Tardieu*, d'après Rigaud, AVANT LA LETTRE et avec le cadre, AVANT LE CADRE et avec la lettre ; etc.

— **La Fontaine.** — Voir les n°s 178 et 189.

209. **Mille** (les) et une Nuits. — Suite de 21 eaux-fortes in-16 par Ad. Lalauze, pour l'édition *Jouaust* (Petite Bibliothèque artistique).

Epreuves AVANT TOUTE LETTRE, *avec remarque*, tirées sur HOLLANDE de format grand in-8.

210. **Molière.** — Suite de 1 portrait et 33 fig. in-12 de Boucher gr. par Punt, pour les *Œuvres*, édition d'*Amsterdam*, 1741.

Très belles épreuves du premier tirage, avant les contre-tailles, tirées à 6 sur la feuille et à toutes marges.

211. **Molière.** — Suite de 1 portrait par Saint-Aubin et 30 fig. in-8 de Moreau, pour les *Œuvres*, publiées par *Renouard.*

Très belles épreuves du premier tirage, sur HOLLANDE et à toutes marges.

212. **Molière.** — Suite de 1 portrait par Fragonard et 18 fig. in-8 par H. Vernet, Hersent et Devéria, pour les *Œuvres*, édition *Desoer*, 1819-1825.

Très belle suite considérée comme un des chefs-d'œuvre de l'illustration au XIXe siècle.
Belles épreuves AVANT LA LETTRE sur CHINE.
On y a ajouté 9 figures à l'état d'EAUX-FORTES PURES (rarissimes) et 10 figures en divers états d'AVANT LETTRE sur blanc et sur CHINE, plus un portrait d'Horace Vernet lithogr. par Ducarme.

213. **Molière.** — Suite de 1 portrait gr. par Lignon d'après Fragonard et 18 fig. in-8 par Desenne, pour les *Œuvres*, édition *Lefèvre*, 1824.

Epreuves AVANT LA LETTRE, sur CHINE, tirées grand in-8.

214. **Molière.** — Suite de 1 portrait par Taurel et 18 fig. in-8 de Desenne, pour les *Œuvres*, édition *Lefèvre*, 1824.

Epreuves en double état : AVANT LA LETTRE sur blanc ou sur Chine et EAUX-FORTES PURES.
On y a ajouté 17 figures de la même suite en divers états d'AVANT LETTRE.
L'eau-forte du *Malade imaginaire* manque.

215. **Molière.** — Suite de 1 portrait et 33 fig. in-8 de Staal, pour les *Œuvres*, édition *Garnier*, 1880-85.

Très belles épreuves AVANT TOUTE LETTRE, sur CHINE, tirées de format in-4.

216. **Molière.** — Suite de 1 titre, 3 portraits, 2 fleurons et 33 fig. in-4 de Boucher, gr. à l'eau-forte par T. de Mare, pour les *Œuvres*, et publiée par *Lefilleul*, 1881 ; dans un carton.

Epreuves AVANT LA LETTRE, sur PAPIER DU JAPON, avec la *signature autographe* du graveur. (Epreuves terminées, en noir, tirées à 60.)

217. **MOLIÈRE.** — Suite de 1 titre, 1 frontispice, 34 fig. in-4 et une table dessinés et gr. à l'eau-forte par Edmond Hédouin. *Paris*, *Morgand*, 1888.

Epreuves d'artiste, AVANT LA LETTRE et *avant l'encadrement*, sur PAPIER DU JAPON, avec la *signature autographe* du graveur.
Très belle suite considérée comme le chef-d'œuvre d'Hédouin.

218. **Molière.** — Figures diverses pour illustrer ses Œuvres. — Réunion de 13 pièces in-8.

Don Juan, par *Desenne*, à l'état d'EAU-FORTE PURE. — Quatre figures de *Tony Johannot* dont trois AVANT LA LETTRE, sur blanc ou sur CHINE. — Quatre figures sur bois par *Janet-Lange* et *T. Johannot*, AVANT LA LETTRE, sur CHINE. — Quatre figures par *Desenne*, *Newton*, *Stephanoff*, AVANT LA LETTRE, sur blanc ou sur CHINE.

219. **Molière.** — Portraits divers. — Réunion de 52 portraits anciens et modernes, la plupart in-8.

Importante réunion renfermant les plus jolis et les plus rares des portraits de Molière. Nous citerons parmi les anciens ceux gravés par Crépy, Desrochers, Ficquet, Ponce et Ingouf, et parmi les modernes, ceux de Bertonnier, Geoffroy, Hopwood, Hue, Lalauze, Larcher, Lignon, T. de Marc, Migneret, Pollet, Porret, Pourvoyeur, Prudhon, Soliman, etc.

Toutes ces pièces sont en épreuves de choix et quelques-unes en plusieurs états; 32 pièces sont AVANT LA LETTRE (dont 24 sur CHINE) et 3 à l'état d'EAUX-FORTES.

220. **Molière.** — Portraits divers. — Réunion de 37 pièces, la plupart modernes et de format in-8 ou in-4.

Intéressante réunion renfermant de rares et jolies pièces, parmi lesquelles celles gravées par P. Adam, Baratti, Bertonnier, Chapman, Courtry, Delpech, Flameng, Geoffroy, Girardet, Hopwood, Hue, Jeholte, Lalauze, Lefèvre, Lignon, T. de Marc, Migneret, Pelée, Pollet, Ponce, Pourvoyeur, Rothwell, Simonet, Soliman, etc.

Belles épreuves de choix : 17 sont sur CHINE, 14 AVANT LA LETTRE, 1 à l'état d'EAU-FORTE et 1 sur PEAU DE VÉLIN.

221. **Racine.** — Suite de 1 portrait gr. par Gaucher d'après Santerre et 12 fig. in-8 de Gravelot, pour les *Œuvres*, édition *Cellot*, 1768.

Epreuves AVANT LA LETTRE, avec marges, sur papier de Hollande, lavées, encollées et montées sur châssis. — On y a ajouté la figure des *Plaideurs* en épreuve AVANT TOUTE LETTRE.

222. **Racine.** — Suite de 1 portrait par Saint-Aubin et 12 fig. in-8, par Moreau, pour les *Œuvres*, édition *Renouard*, 1805

Belles épreuves du premier tirage, en double état : avec la lettre, à toutes marges, sur papier vélin, et AVANT LA LETTRE avec marges, lavées, encollées et montées sur châssis.

223. **Racine.** — Suite de 1 portrait et 12 fig. in-8, par Desenne, Devéria, Girodet, etc. pour les *Œuvres*, édition *Lefèvre*, 1822.

Epreuves AVANT LA LETTRE, sur CHINE, tirées grand in-8.

224. **Rousseau** (J.-J.). — Suite de 42 fig. in-8, dont deux portraits, par Devéria, pour les *Œuvres*, édition *Dalibon*, 1825-27.

Belles épreuves sur CHINE, *avec la lettre au trait*, tirées grand in-8.

225. **Rousseau** (J.-J.). — Suite de 1 portrait et 14 fig. in-8, par Devéria, Alfred et Tony Johannot, pour les *Œuvres*, édition *Armand Aubrée*, 1829-1832.

Epreuves du PREMIER TIRAGE, sur CHINE, *avec la lettre blanche*.

226. **Saint-Pierre** (Bernardin de) : Suite de 1 titre gr. 1 portrait et 7 vignettes par Corbould, pour *Paul et Virginie*, édition *Lavigne*, 1828. — Suite de 1 portrait et 10 vignettes et fig. in-8 par Corbould, pour *Paul et Virginie*, édition *Lequien*, 1830. — Ens. 2 suites.

Ces deux suites sont tirées sur CHINE ; la première est AVANT LA LETTRE mais le titre et le portrait sont sur blanc ; la seconde est rare.

Très belles épreuves

227. **Vignettes** pour l'illustration d'ouvrages des XVIIe et XVIIIe siècles. — Réunion de 70 pièces de divers formats gr. d'après Coypel, Dunker, Eisen, Duplessi-Bertaux, Freudenberg, Le Barbier, Marillier, Monnet, Moreau, S. della Bella, Saint-Aubin, etc., etc.

228. **Vignettes** diverses pour illustrer les Œuvres de Boileau, La Fontaine, Racine, etc. — Réunion de 29 pièces de divers formats gr. d'après Cochin, Delacroix, Desrais, Devéria, Hersent, Le Sueur, Moreau, B. Picart, Carle Vernet, etc.

22 pièces sont AVANT LA LETTRE, sur blanc ou sur CHINE et 2 sont à l'état d'EAUX-FORTES.

229. **Vignettes** pour l'illustration d'ouvrages du XIXe siècle. — Réunion de 33 pièces in-8, gr. d'après Desenne, Devéria, H. Vernet, etc.

Epreuves à l'état d'EAUX-FORTES pures.

230. **Vignettes** pour l'illustration d'ouvrages du XIXe siècle (Béranger, Musset, Molière, etc.). — Réunion de 66 pièces de divers formats la plupart gr. à l'eau-forte, d'après J. Adeline, Devéria, Foulquier, Tony Johannot, Gavarni, Lalauze, H. Pille, F. Régamey, Robida, etc., etc.

Trente pièces sont AVANT LA LETTRE, ou sur CHINE.

---

231. **Barbié** (J.). — Voltaire, avec épisode de la *Henriade* au-dessous du portrait; in-8.

2 très belles épreuves, avec et *avant l'adresse*; la seconde est à toutes marges tirée in-4.

232. **Cochin** (C.-N.). — Portrait d'une dame feuilletant un livre et entourée d'amours, d'après C. Natoire ; in-12.

Charmante pièce, AVANT LA LETTRE, lavée, encollée et montée grand in-8.

233. **Desenne** et **Devéria** (d'après). — Portraits d'auteurs en pied, de la collection *Janet*. — Réunion de 50 portraits in-12, tirés in-8.

Portraits de Chateaubriand, Chénier, Corneille, Diderot, Florian, La Fontaine, Le Sage, Molière, J.-J. Rousseau, W. Scott, Mme de Staël, Voltaire, etc., etc.

34 de ces portraits sont en double état : AVANT LA LETTRE sur CHINE et EAUX-FORTES ; les autres sont en un seul état : 6 AVANT LA LETTRE sur CHINE et 10 à l'état d'EAUX-FORTES. — En tout 84 pièces.

234. **Devéria** (d'après). — Portraits divers en pied. — 24 pièces.

Boileau. — Bossuet. — Buffon. — P. Corneille. — Th. Corneille. — Fénelon. — Fléchier. — La Fontaine. — Massillon. — Molière et sa servante. — Molière à Pézénas. — Pascal. — Racine. — Mme de Sévigné.

Epreuves à toutes marges à l'état d'EAUX-FORTES PURES.

On a ajouté à dix de ces portraits une seconde épreuve AVANT LA LETTRE, sur CHINE.

235. **Divers**. — Portraits anciens. — Réunion de 7 pièces.

Saint-Louis, gr. par de Launay, d'après Le Prévost, en tête de page in-8. (*Tirage à part* AVANT LA LETTRE). — Saint-Louis, par Cochin, en-tête à l'état d'EAU-FORTE. — Turenne, par Simonneau, en-tête de page in-4. — La Mort de Turenne, par Prévost, épreuve AVANT LA LETTRE. — Michel Le Tellier, par Van Schuppen, en tête de page in-4; 2 épreuves dont une en *tirage à part* et à toutes marges. — Louis-Auguste, Dauphin, gr. par Massard d'après Eisen, en tête de page in-8; très belle épreuve AVANT LA LETTRE en *tirage à part* de format in-4.

236. **Divers**. — Portraits anciens. — Réunion de 58 portraits de divers formats gr. par Cathelin, Delvaux, Desrochers, Ficquet, Landry, Langlois, de Launay, Saint-Aubin, Scotin, Simonneau, Tanjé, etc.

Portraits de Charles VIII, Louis XII, Henri IV, Louis XIV, Henri VIII, Biron, Bossuet, Coligny, Descartes (par *Ficquet*), Duclos, Lamoignon, La Mothe le Vayer (par *Ficquet*), Lavoisier, Michel de L'Hôpital, Rabelais, Racine, Vadé (par *Ficquet*), Villon, etc. — Mme de Sévigné, Marie-Elisabeth d'Autriche, Marie-Antoinette, Marie-Thérèse d'Autriche (charmant portrait gravé par *Adam*, 1794), etc.

237. **Divers**. — Portraits anciens et modernes. — Réunion de 20 pièces in-12, in-8 et in-4.

Isabelle, infante d'Espagne, par *Jean Wierix*, 1600. — Henri IV, par *Tardieu* (LETTRE GRISE). — Louis XIII. — Louis de Bourbon, prince de Condé et la princesse, par *Pierre de Jode*. — Malherbe, par *C. F.* (chez *Odieuvre*). — Fontenelle, par *Langlois* (AVANT LA LETTRE). — Racine, par *Desrochers*, *Leroux*, *Bertonnier*, *Soliman* et *Jacquet* (5 pièces dont 2 AVANT LA LETTRE). — Jean Hamon, maître de Racine, par *Van Schuppen*, 1689. — La Mothe le Vayer, par *Fessard* (2 exempl.). — Beaumarchais, par *Bovinet* (AVANT LA LETTRE). — Etc.

238. **Divers**. — Portraits de personnages célèbres anciens et modernes. — Réunion de 66 pièces de divers formats gr. sur acier, à l'eau-forte, sur bois, ou en héliogravure.

Portraits de François Ier, Louis XIV, Bossuet, Buffon, Cazotte, Chateaubriand, Colbert, Coligny, Corneille, La Fontaine, Mirabeau, Racine, Sully, etc. — Marie Stuart, Marie de Médicis, Marie-Antoinette; Mmes de Sévigné, de Grignan, de La Vallière, Marie Duplessis, de Girardin, Sarah Bernhardt, etc.

Vingt pièces sont en épreuves de choix, AVANT LA LETTRE ou sur CHINE.

239. **Divers**. — Portraits d'auteurs contemporains. — Réunion de 18 pièces à l'eau-forte tirées in-4.

EDMOND ABOUT. — CH. BAUDELAIRE (héliogr.). — ALPHONSE DAUDET, 2 portr. dont un par *Dubouchet*. — A. DUMAS fils par *Nargeot*. — ANATOLE FRANCE par *Ladislas Lœvy*. — JUDITH GAUTIER, par *Boulard*. — EDMOND ET JULES DE GONCOURT, par *Alph. Descaves*. — LUDOVIC HALÉVY, par *Abot*, 2 états. — VICTOR HUGO, 4 portr. par *P. Chenay*, *Legenisel*, *Nargeot* et *Régamey*. — J. JANIN, par *G. Staal*. — HENRY MONNIER. — A. DE MUSSET, par *Nargeot*. — A. DE VIGNY, par *Hédouin*.

Toutes ces pièces sont en épreuves de choix et AVANT LA LETTRE, sur HOLLANDE ou sur JAPON; deux sont à l'état d'EAUX-FORTES PURES.

240. **Divers**. — Portraits d'auteurs contemporains. — Réunion de 22 pièces gr. à l'eau-forte, sur bois, ou en héliogravure.

Portraits de Balzac, Baudelaire, Béranger, Alex. Dumas, Th. Gautier,

Ed. de Goncourt, Victor Hugo, J. Janin, H. Malot, Gérard de Nerval, Oct. Uzanne, Verlaine, Zola, etc.

Dix pièces sont en épreuves de choix, sur CHINE, sur JAPON, ou AVANT LA LETTRE.

241. **Fessard** (Et.). — La Fontaine écrivant ses *Contes*, d'après Boucher ; in-12.

2 épreuves dont une AVANT TOUTE LETTRE et l'autre à l'EAU-FORTE PURE.

On a ajouté le portrait de La Fontaine au milieu des principaux animaux de ses *Fables*, gr. par *Fessard*, d'après *Cochin*, en épreuve AVANT LA LETTRE.

Ensemble 3 pièces, lavées, encollées et montées grand in-8.

242. **Ficquet** (Et.). — Charles Eisen, d'après Vispré ; 1761 ; petit in-8.

Belle épreuve à toutes marges de ce portrait faisant partie de l'édition des *Fermiers Généraux* des *Contes* de La Fontaine.

243. **Ficquet** (Et.) : — Joliot de Crébillon, d'après Aved. — F. de La Mothe Le Vayer, d'après Nanteuil. — 2 pièces in-8.

244. **FICQUET** (Et.). — **J. de La Fontaine**, d'après H. Rigaud ; in-8.

Très belle épreuve du 6e état de ce joli portrait dit au *Ruisseau blanc*, AVANT LE NOM DE LA FONTAINE dans la tablette du haut et *avant les noms des artistes*. — Etat fort rare.

245. **Ficquet** (Et.). — Le même portrait.

Très belle épreuve terminée, avec le *Ruisseau blanc*. — Lavée, encollée et montée grand in-8, avec marges.

246. **Ficquet** (Et.). — Le même portrait.

2 épreuves différentes dont une avec le *Ruisseau blanc*.

On a ajouté le même portrait gravé par Ficquet pour les *Fermiers Généraux*.

Ensemble 3 pièces avec marges, lavées, encollées et montées grand in-8.

247. **Ficquet** (Et.). — Mme de Maintenon, d'après Mignard ; 1759 ; in-8.

Très belle épreuve avec marges, lavée, encollée et montée sur châssis.

On y a joint le portrait de la même, gr. par *Céroni*, de la suite des *Emaux de Petitot*, belle épreuve AVANT LA LETTRE.

248. **Ficquet** (Et.). — Molière, d'après Coypel ; in-8.

2 très belles épreuves dont une à toutes marges et l'autre, avant les contre-tailles, lavée, encollée et montée sur châssis.

249. **Gaucher** (C.-S.). — Racine, d'après Santerre, sans ornements ; in-8.

Très belle épreuve AVANT LA LETTRE, tirée in-4.

250. **Gaucher** (C.-S.). — Racine, d'après Santerre, sans ornements ; in-8.

2 belles épreuves AVANT LA LETTRE, dont une à toutes marges ; l'autre, avec les *noms des artistes à la pointe*, est avec belles marges, lavée, encollée et montée sur châssis.

251. **Girardet** (A.). — Racine, d'après Desenne; 1829; in-16.

Superbe épreuve à toutes marges (gr. in-8), du *premier tirage* avec les N retournés dans le nom de Jean Racine dans la tablette. — Très rare.

252. **Le Mire** (N.). — Jeanne d'Arc; in-12.

Deux belles épreuves des 1er et 2e états.

253. **Le Mire** (N.). — La Fontaine, d'après Moreau; in-8.

Joli frontispice des *Fables causides*, 1776.
Très belle épreuve avec marges, lavée, encollée et montée grand in-8, *avant la date* au bas de l'estampe.

254. **Monnier** (Henry). — Portrait d'homme; pet. in-4.

DESSIN ORIGINAL à la mine de plomb, signé et daté. — Ce portrait présente quelques analogies avec les traits de Flaubert.

255. **Ponce** (N.). — La Fontaine couronné par des amours, d'après Marillier; 1772.

Charmante composition ornant le titre des *Fables* de Dorat.
Belle épreuve, lavée, encollée et montée grand in-8.

256. **Saint-Aubin** (Aug. de). — Fontenelle; in-12.

Très belle épreuve du *premier état*, avec la *tablette blanche*. — Rare.

257. **Saint-Aubin** (Aug. de). — Louis XVI, Marie-Antoinette et le Dauphin, en médaillon sur une pyramide, d'après Sauvage; in-4.

Belle épreuve avec marges.

258. **Saint-Aubin** (Aug. de). — Racine; in-8.

Très belle épreuve à toutes marges (grand in-8), du troisième état, avant la correction du mot *sceut* au deuxième vers.

259. **Saint-Aubin** (A. de): Voltaire, d'après Lemoyne. — Mme Le Normant d'Etiolles (Mme de Pompadour), d'après Cochin. — 2 pièces in-4.

Très belles épreuves. — Le second portrait est avant le nom de Marmontel au-dessous des vers.

260. **Saint-Aubin** (Aug. de). — Portraits divers. — 5 pièces in-12 et in-8.

J.-J. Barthélemy. — Bourdaloue. — Charles XII. — Glück. — Mme de Montespan.
Très belles épreuves *avec la lettre grise* et à toutes marges.

261. **Savart** (P.). — Boileau, d'après H. Rigaud; 1769; in-8.

3 épreuves dont une avec l'adresse de la *Barrière du Fond-Taraby* (sic), l'autre avec celle de la *Rue Percée* et la troisième avec l'adresse grattée. — Lavées, encollées et remontées grand in-8.

262. **Savart** (P.). — Colbert, d'après Ph. de Champaigne, 1773; in-8.

3 épreuves : avec l'adresse de la *Barrière de Fontarabie*; avec celle de la *Rue Percée* (pièce à toutes marges) et sur Chine monté avant l'adresse.

263. **Savart** (P.). — Le Cardinal de Richelieu, d'après Ph. de Champagne; 1774, in-8.

2 belles épreuves : AVANT TOUTE LETTRE (très rare) et avec la lettre; toutes deux avec marges, lavées, encollées et montées grand in-8.

264. **Savart** (P.). — Portraits divers ; 9 pièces in-8.

BAYLE. — Louis de BOURBON, prince de Condé, d'après Le Juste. — COLBERT, d'après Ph. de Champagne. — FÉNELON, d'après Vivien. — LA BRUYÈRE, d'après de Saint-Jean. — RACINE, d'après Santerre ; 2 épreuves dont l'une avec l'adresse de la *Barrière de Fontarabie*. — LE TASSE ; 2 épreuves *avant l'adresse*.

Épreuves avec marges, lavées, encollées et remontées grand in-8.

265. **Simonet** jeune. — Molière, d'après Mignard, avec bas-relief représentant Molière et sa servante ; 1822 ; in-8.

2 épreuves AVANT TOUTE LETTRE et EAU-FORTE. — Toutes marges.

---

266. **Adresses**, billets d'invitation, factures, cartes de visite illustrées du XVIIIe siècle et du premier Empire. — Réunion de 16 pièces gr.

Du Puis, marchand de porcelaines. — *Nau*, confiseur. — *Compère* ; *Robert* ; *Pochard*, drapiers ; 3 pièces. — *Pequégnot*, orfèvre, 2 pièces. — *Lorichon*, graveur. — *Perret*, coutelier. — *Gandais*, orfèvre. — Cartes de *A. Fortis* et de *De Lusse* (gr. par J. de La Cruz). — Etc.

267. **Adresses** de relieurs, libraires et papetiers du XVIIIe siècle. — Réunion de 8 pièces illustrées et gravées.

Tessier, succ. de *Le Monnier*, relieur. — *Th. de Hansy*, libraire. — *Larcher*, papetier, 3 pièces. — *Debord*, papetier. — *Percheron*, papetier. — *Susse*, papetier.

268. **Miniatures**. — Réunion de 76 pl. de divers formats en héliogr. phototypie ou chromolithog. reproduisant environ 90 miniatures du IXe au XVIe siècle.

269. **Reliures**. Réunion de 364 pl. de divers formats gr. à l'eau-forte, en héliogr. en phototypie ou en chromolithogr. reproduisant environ 500 reliures anciennes et modernes.

270. **Rops** (Félicien). – Estampes diverses. — Réunion de 9 pièces.

4 eaux-fortes (Frontispice de Musset, épreuve sur CHINE VOLANT grand in-8. — Femme nue sur une cage remplie d'amours, épreuve AVANT LA LETTRE, tirée in-4. — Femme embrassant un terme. — Feuille d'études (sur *Chine*).

5 phototypies reproduisant des aquarelles : L'Attrapade, la Peine de mort, le Coffret, un Café au Ridyck, etc.

On a ajouté deux numéros de la *Plume* consacrés à Rops (fasc. 1 et 3), ornés de nombreuses reproductions.

---

271. **Timbres-poste** des Colonies françaises (1892-1894). — Réunion de 44 timbres oblitérés.

Guadeloupe ; 5 timbres. — Indo-Chine ; 8 timbres. — Sénégal ; 8 timbres dont quatre à percevoir non dentelés. — Soudan français (de 1 centime à 1 franc) ; 13 timbres. — Vathy ; 3 timbres. — Etc.

272. **Timbres-poste** d'Europe, du Brésil, du Chili et de l'Uruguay. — Réunion de 312 timbres collés sur 19 feuilles de l'Album Bernard.

273. **Timbres-poste** d'Europe, d'Asie, d'Afrique et d'Amérique. — Réunion de 268 timbres.

Bulgarie ; 13 timbres. — Canada ; 15 timbres. — Etats-Unis, 24 timbres, dont 6 non oblitérés, — Egypte, 20 timbres. — Soudan anglais, 24 timbres. — Etc.
On a ajouté 18 étiquettes de recommandation de divers pays étrangers.

274. **Timbres-poste** d'Europe, d'Asie, d'Afrique et d'Amérique. — Réunion de 475 timbres différents dans un album in-4, cart. perc. *fatig.*

LIVRES ANCIENS

275. Essais de morale, contenus en divers traités sur plusieurs devoirs importans (publiés par P. Nicole). *Paris, Desprez et Desessartz,* 1713, 10 vol. in-12, mar. vert, dos orné, large dent. à petits fers, tr. dor. (*Padeloup.*)

Bel exemplaire réglé, recouvert d'une très fine reliure.

276. Imitation de Jésus-Christ. Traduction nouvelle de M. l'abbé Dassance. Avec des réflexions tirées des Pères de l'Eglise, et de Bossuet, Fénelon, Massillon et Bourdaloue, illustrée par MM. Tony Johannot et Cavelier. *Paris, L. Curmer,* 1836, in-8, front. en couleur, texte encadré, fig. gr. sur acier, mar. violet, dos orné, fil. comp. d'arabesques et milieu dor. doublé et gardes de moire blanche, emboîtage doublé de peau de chamois, dans un étui. (*Rel. de l'époque.*)

Premier tirage.
Bel exemplaire ; reliure très fraîche.

---

277. Corpus juris civilis. Editio nova, prioribus correctior. *Amstelædami, apud Ioannem Blaeu, Ludov. et Dan. Elzevirios,*

1664, 2 vol. in-8 à 2 col. titre-front. gr. mar. vert, dos orné, fil. dent. int. tr. dor. (*Rel. anc.*)

Edition recherchée à cause de sa belle exécution typographique. (Willems. *Les Elzevier*, n° 1323.)
Bel exemplaire aux armes de Jean-Jacques AMELOT DU CHAILLOU, intendant des finances, conseiller d'Etat.

---

278. De la Sagesse, trois livres, par Pierre Charron. *A Amsterdam, chez Louys et Daniel Elzevier*, 1662, pet. in-12, front. gr. mar. r. dos orné, fil. tr. dor. (*Padeloup.*)

Edition fort bien exécutée. (Willems. *Les Elzevier*, n° 1281.)
Légère tache au frontispice.

279. Les Caractères de Théophraste, traduits du grec avec les caractères et les mœurs de ce siècle (par La Bruyère). Huitième édition, reveuë, corrigée et augmentée. *Paris, Estienne Michallet*, 1694, in-12, mar. vert, dos orné au pointillé, fil. dent. int. tr. dor. (*Petit, succ^r de Simier.*)

HUITIÈME ÉDITION ORIGINALE, augmentée de 46 nouveaux *caractères*.
Bel exemplaire du PREMIER TIRAGE.

---

280. LES ŒUVRES FEU MAISTRE ALAIN CHARTIER en son vivant secrétaire du feu roy Charles septiesme du nom. Nouvellement imprimées, revues et corrigées oultre les precedētes impressions. . (A la fin :) *Imprimées à Paris p̄ maistre Pierre Vidoue, Lan CCCCC.XXIX* (sic) *pour Galliot du Pré* (1529), pet. in-8, vign. sur bois, mar. violet, dos orné, fil. *doublé de mar. vert* à long grain, fil. et large dent. tr. dor. (*Bauzonnet.*)

Jolie édition rare et recherchée ; elle est imprimée en lettres rondes et est ornée de jolies vignettes sur bois
Bel exemplaire grand de marges.

281. LE CHAMPION DES DAMES Livre plaisant, copieux & habondant en sentences. Contenant la Deffence des Dames contre malebouche et ses consors. & victoire dicelles. Composé par Martin Franc, secrétaire du feu pape Félix V... (Au recto du dernier f. :) *Imprimé à Paris par maistre Pierre Vidoue, pour honneste personne Galliot du Pré, MDXXX* (1530), pet. in-8, fig. sur bois, mar. r. fil. à fr. *double de mar. vert*, dent. tr. dor. (*Bauzonnet-Trautz.*)

Edition fort rare de ce poème composé pour la défense des femmes

contre les attaques du *Roman de la Rose.* Elle est imprimée en lettres rondes et est ornée de 21 jolies figures sur bois.
Bel exemplaire.

282. Les Faictz et Dictz de feu de bonne mémoire Maistre Jehan Molinet, contenans plusieurs beaulx Traictez, oraisons et champs (*sic*) royaulx... *On les vend à Paris, en la rue saint Jacques à lenseigne de léléphant,* 1540, in-8, lettres ornées, mar. r. fil. à fr. dent. int. tr. dor. (*Niedrée.*)

Belle et rare édition imprimée en lettres rondes.
Exemplaire grand de marges. — La marge supérieure des 2 ff. de table est refaite.

283. La Suite de l'Adolescence Clémentine, dont le contenu s'ensuyt. Les Chants diuers. Le Cymetiere Et le Menu. *On les vẽd à Paris en la rue neufue notre Dame, deuant l'esglise Saincte Geneuiefue des Ardens, à l'enseigne du Faucheur. S. d.* in-8. lettres ornées, mar. La Vall. fil. à fr. tr. dor. (*Lortic frères.*)

Édition originale, très rare, en lettres rondes, publiée sans doute à la fin de l'année 1533 ou au commencement de 1534.
Le dernier f. non ch., contenant la marque de Roffet, manque ; le titre et les 2 ff. prél. sont très habilement refaits.

284. MARGUERITES DE LA MARGUERITE DES PRINCESSES, tres illustre Royne de Navarre. *A Lyon, par Jean de Tournes, M.D.XLVII.* (1547). 2 tomes en 1 vol. in-8, car. ital. fig. sur bois, mar. r. dos et plats ornés de riches comp. d'entrelacs, *doublé de mar. vert,* large dent. à petits fers, tr. dor. (*Niedrée.*)

Edition originale, et la plus recherchée, des poésies de Marguerite de Valois, reine de Navarre, publiée par *Symon Silvius, dit de la Haye, escuier valet de chambre de la Royne.* Le poème *la Coche* (tome II, pp. 265 et suiv.) est orné de charmantes figures sur bois attribuées au *Petit Bernard.*
Bel exemplaire avec de nombreux *témoins* (hauteur : 166 mill.) ; il provient des bibliothèques Armand Bertin, Chédeau et J. Renard.

285. Le Tombeau de Marguerite de Valois, Royne de Navarre. Faict premierement en Disticques latins par les trois Sœurs Princesses en Angleterre. Depuis traduictz en grec, italiẽ et françois par plusieurs des exellentz poëtes de la Frãce. Auecques plusieurs Odes, Hymnes, Cantiques, Epitaphes, sur le même subject. *A Paris, de l'imprimerie de Michel Fezandat et Robert Granjon, et au Palais en la boutique de Vincent Sartenas,* 1551, in-8, car. ronds et ital. lettres ornées, mar. r. dos orné, fil. milieu doré, dent. int. tr. dor.

Recueil curieux et rare contenant, en dehors de l'ode et des distiques des trois sœurs : Anne, Marguerite et Jeanne de Seymour, des pièces de vers de Baïf, Dorat, Du Bellay, Ronsard, etc. — Le titre porte au verso un beau portrait de Marguerite de Valois, gravé sur bois.
Taches de rousseur à plusieurs ff.

286. Le Tuteur d'amour. Auquel est comprise la fortune de l'Innocent en amours. Ensemble un livre, où sont Epistres,

Elegies, Complaintes, Epitaphes, Chantz royaux, Ballades, Rondeaux, & Epigrammes : le tout composé par Gilles d'Aurigny, dit le Pamphile. *A Lyon, par Jean de Tournes. M.D.XLVII.* (1547), in-8, car. ital. mar. r. dos orné, fil. dent. int. tr. dor.

Edition rarissime de ce recueil qui manquait à toutes les grandes collections de poëtes passées en vente dans ces dernières années. M. de Béhague, seul, possédait un exemplaire de l'édition postérieure de 1553 ; il se trouve aujourd'hui dans la bibliothèque du baron James de Rothschild.

287. Œuvres poëtiques de Mellin de S. Gelais. *A Lyon, par Antoine de Harsy*, 1574, in-8, car. ital. mar. vert jans. dent. int. tr. dor. (*Joly.*)

Cette jolie édition, qui passa longtemps pour l'originale, est la seconde et la plus complète des œuvres de ce poète.
Bel exemplaire, très grand de marges (hauteur : 167 mill.)

288. Les Amours d'Olivier de Magny, Quercinois, et quelques Odes de luy. Ensemble, un Recueil d'aucunes œuvres de Monsieur Salel, Abbé de saint Cheron, non encore veuës. *A Lyon, par Benoist Rigaud*, 1573, in-16, v. ant. écaille, dos orné, fil.

Edition très rare. — Le titre est orné d'une curieuse vignette sur bois représentant de Magny et Castianire, assis sous un berceau de verdure, et jouant, le premier de la guitare et la seconde de la basse.

289. Les Épistres héroïdes, tres salutaires, pour servir d'exemple à toute âme fidèle. Composées par F. Habert d'Yssouldun en Berry, avec aucuns Epigrãmes, Cantiques spirituelz, & Alphabet moral pour l'instruction d'un jeune Prince, ou Princesse. Item la Paraphrase Latine, & Françoise sur l'Oraison Dominicale. *Paris, Michel Fezandat, & Robert Granjon*, 1550, in-8, car. ital. lettres ornées, mar. vert, fil. à fr. dent. int. tr. dor. (*Lortic frères.*)

Edition originale, rare et très recherchée, de ce curieux recueil renfermant divers détails très utiles pour l'histoire littéraire du temps.
Légère piqûre de ver bouchée dans la marge inférieure du volume ; les quatre derniers ff. sont très habilement refaits.

290. Opuscules d'Amour, par Heroet, La Borderie, et autres divins poëtes (Ch. Fontaine, Paul Angier et Papillon). *A Lyon, par Jean de Tournes*, 1547, in-8, car. ital. lettres ornées, peau de truie, riches comp. estampés à fr. tr. marb. (*Rel. anc.*)

Ouvrage rare, imprimé en caractères italiques. Il renferme les pièces suivantes : La *Parfaite amye; l'Androgyne de Platon; Complainte d'une dame nouvellement surprinse d'amour*, par Ant. Heroet, dit la Maison neuve ; *Epistre amoureuse*, par I. C. (Jacques Colin) ; l'*Amye de Court*, par La Borderie (poète normand) ; la *Contr'amye de Court*, par Ch. Fontaine, Parisien ; l'*Honneste Amant*, par Paul Angier (né à Carentan) ; le *Nouvel Amour* (par Almanque Papillon) et le *Discours du voyage de Constantinoble*, par La Borderie.
Léger grattage dans la marge intérieure du dernier f.

291. Le Bocage de P. de Ronsard, Vandomoys, dédié à P. de Paschal, du bas païs de Languedoc. *A Paris, chez la veuve Maurice de la Porte*, 1554, in-8, car. ital. portrait, mar. bleu, dos orné, dent. int. tr. dor. (*Quinet.*)

Edition originale, renfermant : *L'Hinne* (sic) *de France, la Fourmi à Remy Belleau, le Papillon, le Freslon, l'Epitafe de François Rabelais*, celles de Philippe de Commines, de Louis de Ronsard, son père, et de Jean de Ronsard, son oncle, des sonnets, des élégies, des odelettes, etc. — Le titre porte au verso le portrait de Ronsard gr. sur bois par Jean Cousin.
Exemplaire réglé, grand de marges (hauteur : 167 mill. et demi).

292. Les Meslanges de P. de Ronsard, dédiées (*sic*) à Jan Brinon. Seconde édition. *A Paris, en la boutique de Gilles Corrozet*, 1555, in-8, car. ital. mar. bleu, dos orné, dent. int. tr. dor. (*Quinet.*)

Seconde et rarissime édition, dont il n'existe aucun exemplaire dans les bibliothèques publiques de France et de l'étranger. Elle renferme de plus que la première : une *Odelette à Jan Brinon et à sa Sidère*, placée en tête du volume ; la *Traduction de quelques épigrammes grecs d'Anacréon* et le *Tumbeau de Jan Brinon*, qui occupent les deux derniers ff. — 56 ff. non ch.
Exemplaire réglé, grand de marges (hauteur : 167 mill.).

293. L'Olive augmentée depuis la première édition. La Musagnœomachie & aultres œuvres poëtiques (par Joachim du Bellay). *Paris, Gilles Corrozet & Arnould L'Angelier*, 1550, in-8, car. ital. mar. brun jans. dent. int. tr. dor.

Edition recherchée de ces poésies composées en l'honneur de la maîtresse de l'auteur, une Angevine du nom de Viole, qu'il rendit célèbre sous l'anagramme d'*Olive*. — La *Musagnœomachie* se trouve ici en édition originale.
On a relié à la suite : *L'Antérotique de la vieille et de la jeune amye*, les *Vers lyriques* et autres pièces : 25 ff. non ch. sign. Bviij et C.-E. par 8 ff.

294. Les Œuvres et meslanges poétiques d'Estienne Jodelle, revues et augmentées en cette dernière édition. *Paris, Chesneau et Mamert-Patisson*, 1583, in-12, mar. vert, dos orné, fil. tr. dor. (*Padeloup.*)

Jolie édition, rare.
Exemplaire renfermant l'*Ode de la Chasse* et l'*Ode au Comte d'Alcinois* qui manquent très souvent, mais incomplet des ff. 258 et 259.

295. LES ŒUVRES POETIQUES DE PONTUS DE TYARD, seigneur de Bissy. A sçavoir. Trois livres des Erreurs amoureuses. Un livre de vers liriques, plus un recueil des nouvelles œuvres poëtiques. *A Paris, par Galiot du Pré*, 1573, 2 parties en 1 vol. in-4, car. ital. titre avec encadr. gravé sur bois, mar. bleu, dos orné, joli milieu de feuillage, dent. int. tr. dor. (*Trautz-Bauzonnet.*)

Recueil très rare de poésies françaises et latines d'un des meilleurs auteurs de la Pléiade.
Bel exemplaire renfermant un autre ouvrage de Pontus de Thyard ;

Mantice, ou Discours de la vérité de Divination par Astrologie. Autheur Pontus de Tyard, seigneur de Bissy. Seconde édition augmentée. A Paris, chez Galiot du Pré... s. d. (1573), 2 ff. prél. non ch. 114 pp. et 1 f. pour l'Errata.

296. Les Premières Œuvres poëtiques de Martin Spifame gentilhomme François, seigneur du grand hostel & d'Azi. Dédiées au tres chrestien Roy de France & de Polongne Henry III. *A Paris, pour la vefve Lucas Breyer*, 1583, pet. in-12, car. ital. et ronds, mar. r. milieu à petits fers et au pointillé, dent. int. tr. dor. (*Thibaron.*)

Petit recueil très rare renfermant : les *Sonnets spirituels*, au nombre de 60, auxquels sont mêlées 3 *Prières*, 3 *Chansons*, une *Enigme*, et la *Loüange du mariage contre Desportes*, pièce de 174 vers dédiée à Henriette de Clèves, duchesse de Nivernois. Ces différentes poésies sont suivies de la *Harangue de la parfaite amitié* (en prose).

Bel exemplaire de M. Marigues de Champ-Repus.

297. LES POEMES DE PIERRE DE BRACH, bourdelois. Divisés en trois livres. *A Bourdeaux, par Simon Millanges*, 1576. in-4, car. ital. lettres ornées, portrait gr. sur bois, mar. r. jans. dent. int. tr. dor. (*Cuzin.*)

Edition originale, très rare, des œuvres de ce poète que M. Viollet-le-Duc, dans sa *Bibliothèque poétique*, qualifie d'écrivain correct, de versificateur élégant et harmonieux, bien supérieur, sous ce rapport, aux poètes ses contemporains.

Ce volume est divisé en trois livres. Le premier, intitulé l'*Aimée*, est un recueil de sonnets, d'élégies et d'odes adressés à son amie, Mlle Diane de Foix de Candalle. — Le second livre renferme l'*Hymne de Bourdeaux*, long poème sur l'origine de cette ville, ses antiquités et les hommes célèbres qu'elle a vus naître ; la *Monomachie de David et de Goliath*, et une *Ode de la Paix*. — Le troisième est composé de *Mélanges*, parmi lesquels se trouve un très intéressant *Voyage en Gascogne*, fait en compagnie de Saluste du Bartas.

Bel exemplaire de M. Henri Bordes.

298. Les Premières Pensées. A Madame, Sœur unique du Roy (par Jean de Hays). *A Rouen, chez Théodore Reinsart*, 1598, 2 parties en 1 vol. in-12, car. ronds et ital. lettres ornées, mar. r. dos orné à la rose, fil. dent. int. tr. dor. (*Lortic.*)

Recueil rarissime et peu connu. — La première partie renferme les *Amours de Hyacinthe* (140 sonnets mêlés de prose) ; la seconde comprend : les *Amours de Chrysolithe* (en prose) ; *Cammate*, tragédie en sept actes et en vers ; les *Meslanges, ou Poésies diverses* (six élégies, vingt-deux sonnets, etc.) ; *Amarylle ou Bergerie funèbre, sur la mort de Messire André de Brancas, admiral de France*, dialogue en vers à quatre personnages ; le *Tombeau de Messire Jacques de Humières*, en prose, et les *Epitaphes*, en vers.

Jean de Hays, conseiller du Roi et avocat au siège présidial de Rouen, naquit à Pont-de-l'Arche et mourut vers 1600.

Exemplaire avec *témoins* ; légère cassure raccommodée au titre. — Hauteur : 136 mill.

299. Les Œuvres poëtiques de Mr Bertaut, evesque de Sées, abbé d'Aunay, premier aumosnier de la Reine. Dernière édition, augmentées (*sic*) de plus de moitié outre les précédentes

impressions. *A Paris, chez Robert Bertault*, 1633, in-8, car. ital. mar. r. dos orné, fil. tr. dor. (*Padeloup.*)

Edition complète, renfermant les *Vers amoureux* et les *Poésies historiques*, de ce poète qui occupe une place très considérable dans l'histoire du développement de la versification et de la langue poétique en France.

Exemplaire aux armes de la COMTESSE DE VERRUE.

300. Jardin des Muses, où se voyent les fleurs de plusieurs aggréables poësies, recueillies de divers autheurs tant anciens que modernes (par Pierre Guillebaud, en religion Pierre de Saint-Romuald). *Paris, Ant. de Sommaville*, 1643, in-12, mar. r. dos orné, fil. dent. int. tr. dor. (*Trautz-Bauzonnet.*)

Recueil très rare renfermant des traductions de poésies latines, et des épigrammes, odes, rondeaux, stances, etc., par Marot, Ronsard, Mellin de Saint-Gelais, Mlle de Gournay, Tabourot, Malherbe, Racan, Maynard, Théophile, Boisrobert et autres.

Exemplaire avec de nombreux *témoins*. — Léger grattage dans la marge inférieure du titre.

301. Les Muses illustres de messieurs Malherbe, Théophile, l'Estoile, Tristan, Baudoin, Colletet le père, Ogier, Marcassus, La Menardière, Carneau Célestin, Laffemas, Boileau, Linières, Maynard le fils, Colletet le fils et plusieurs autres autheurs de ce temps. *Paris, Pierre David*, 1658, in-12, v. f. dos orné, fil. dent. int. tr. dor. (*Capé.*)

Recueil peu commun, édité par François Colletet.

Exemplaire de Ed.-Th. SIMON, célèbre littérateur troyen, avec le timbre de sa bibliothèque sur le titre.

302 Les Œuvres de poësie de M. Perrin, contenant les Jeux de poësie, diverses poësies galantes, airs de cours, airs à boire, chansons, noëls... l'Entrée de la Reyne... *Paris, Estienne Loyson*, 1661, in-12, front. gr. par F. Chauveau, mar. orange, dent. int. tr. dor. anc. conservée. (*Gruel.*)

Recueil très rare, dont l'auteur, Pierre Perrin, fut le créateur du théâtre de l'Opéra en France. Sa pastorale d'*Alcidor*, mise en musique par Cambert, est la première de ce genre qui ait été représentée chez nous; elle fait partie de ce recueil.

303. Œuvres de Boileau Despréaux, avec les commentaires revus... par M. Viollet le Duc. *Paris, Desoer*, 1823, gr. in-8, portr. v. vert, dos orné, fil. riches comp. à froid, tr. marb.

Edition compacte.

Belle reliure romantique.

304. Fables de La Fontaine. *Paris, de Bure*, 1823, 4 vol. pet. in-12, portr. gr. par Ingouf, 58 pl. v. f. dos orné, fil. et riches comp. à froid. (*Rel. de l'époque.*)

Curieuse et jolie reliure romantique dont les plats sont ornés d'une composition estampée à froid représentant la vue intérieure d'un palais dans le style de Vitruve. Les dos des volumes sont un peu passés.

305. Fables de La Fontaine. Nouvelle édition revue et accompagnée de notes par C. A. Walckenaer. *Paris, de Bure*, 1826,

2 vol. in-8, portr. 12 fig. par Moreau, v. brun clair, dos orné, large dent. et riches comp. à fr. dent. int. tr. dor. (*Messier.*)

Jolie reliure romantique, très fraîche.

306. Jérusalem délivrée, poëme du Tasse. Nouvelle traduction (par Lebrun). *Paris, Musier fils*, 1774, 2 vol. in-8, 2 titres gr. 2 front. 20 pl. culs-de-lampe et vign. par Gravelot, v. f. ant. dos orné, dent. sur les plats, tr. dor. (*Bradel-Derome.*)

Bel exemplaire de cette jolie édition.

307. The Dramatic Works of W. Shakspeare, from the text of Johnson, Steevens, and Reed. *Paris, Baudry*, 1835, in-8 à 2 col. portr. v. brun clair, dos à la cathédrale, dent. dorée et grande rosace à froid, dent. int. tr. dor. (*Simier.*)

Edition compacte.
Jolie et très fraîche reliure romantique.

308. Les Soirées du Palais Royal. Recueil d'aventures galantes et délicates, publié par un invalide du Palais Royal. *Paris, Plancher*, 1815, pet. in-12, 2 pl. gr. v. brun, dos orné, fig, doré et dent. à froid, dent. int. tr. dor. (*Lemale.*)

Petit livre curieux et peu commun, orné de deux planches très intéressantes, l'une pour les costumes et l'autre par la liberté du sujet.

309. Histoire de Tom Jones, ou l'Enfant trouvé. Traduction de l'anglois de M. Fielding, par M. D. L. P. (de La Place), enrichie d'estampes dessinées par M. Gravelot. *A Amsterdam, aux dépens de la Compagnie*, 1750, 4 vol. in-12, front. et 15 pl. gr. par J. Punt d'après Gravelot, *couvertures* de papier marbré, *non rog.*

Première édition française de ce roman, recherchée pour les jolies figures dont elle est ornée.
Exemplaire lavé, encollé et préparé pour la reliure.

310. Censorini liber de Die natali, cum perpetuo commentario Henrici Lindenbrogii... et C. Lucilii Satyrum quæ supersunt reliquiæ, cum notis Fr. Jan. Douzæ... Ex recensione Havercampi. *Lugduni Batavorum, Luchtmans*, 1767, in-8, mar. r. fil. dent. int. tr. dor. (*Ant. Chaumont.*)

Reliure signée, de la plus grande fraîcheur, exécutée par un maître dont Lesné a parlé avec éloge. (Voir : Thoinan, *Les Relieurs français*, p. 228).

311. Œuvres complètes de La Fontaine, précédées d'une nouvelle notice sur sa vie (par Auger). *Paris, Lefèvre*, 1818, 6 vol. in-8, portr. par Rigaud et 25 fig. par Moreau, demi-rel. mar. citron à long grain, dos orné, non rog. (*Simier.*)

Bel exemplaire sur grand papier vélin avec les figures avant la lettre.
Reliure très fraîche.

312\. Œuvres du comte Antoine Hamilton. *Paris, Renouard*, 1812, 3 vol. in-8, 8 portr. gr. par St-Aubin et 4 fig. par Moreau, demi-rel. v. brun, dos orné, tête dor. non rog. (*Ginain.*)

Edition la plus belle et la plus correcte.

Bel exemplaire sur PAPIER VÉLIN, avec les figures de Moreau en épreuves AVANT LA LETTRE, renfermant à la fin du tome II la *Suite des quatre Facardins et de Zeneyde*, contes d'Hamilton, terminés par M. de Lévis. *Paris, Renouard*, 1813.

313\. Heroinæ nobilissimæ Joannæ Darc Lotharingæ, vulgo Aurelianensis Puellæ, Historia... Authore Joanne Hordal. *Ponti-Mussi, Melchiorem Bernardum*, 1612, pet. in-4, titre-front. et 2 portr. gr. v. moderne granit, dos orné, fil. tr. dor.

Ouvrage très rare, orné d'un titre gravé et de deux jolis portraits par Léonard Gaultier, dont l'un représente Jeanne d'Arc à cheval recouverte d'une armure et l'autre en pied et en costume de cour.

L'auteur était conseiller du Duc de Lorraine et professeur à l'université de Pont-à-Mousson. Il descendait de Pierre Darc, troisième frère de la Pucelle d'Orléans.

314\. Faits d'armes de l'armée française en Espagne; dédiés à l'armée des Pyrénées sous les ordres de S. A. R. Mgr Duc d'Angoulême. *Paris, Cordier*, 1824, in-fol. front. et portr. mar. r. à long grain, dos orné, comp. dor. et à fr. tr. dor. (*Vogel.*)

Jolie reliure de l'époque.

Portraits du duc de Bordeaux et de S. A. R. Mademoiselle, lithogr. par Delpech, d'après Hardiviller, fixés sur les plats intérieurs de la reliure.

315\. Les Antiquitez, Chroniques et Singularitez de Paris... Par Gilles Corrozet, Parisien, et depuis augmentées, par N. B. (Nic. Bonfons). — Les Antiquitez et Singularitez de Paris. Livre second. De la Sepulture des Roys et Roynes de France... Recueillis par Iean Rabel, M. paintre. *Paris, N. Bonfons*, 1586-1588, in-8, fig. v. f. dos orné, fil. à fr. et fleurons dorés, tr. r.

Edition la plus complète de cet ouvrage recherché, rare, surtout avec la seconde partie qui contient pour la *première fois* les curieuses figures sur bois de Rabel.

Un nom manuscrit sur le titre; légère mouillure à la seconde partie.

316\. PLUTARQUE. VIES DES HOMMES ILLUSTRES, traduites du grec, et accompagnées de notes, par D. Ricard. *Paris, Lefèvre*, 1832, gr. in-8 à 2 col. v. brun, dos orné, fil. dorés et grande rosace à froid, dent. int. tr. marb. (*Lanne.*)

Edition compacte. — Jolie reliure romantique.

N° 1074

Tours, imp. Tourangelle, 20-22, rue de la Préfecture.

www.ingramcontent.com/pod-product-compliance
Ingram Content Group UK Ltd.
Pitfield, Milton Keynes, MK11 3LW, UK
UKHW020447180726
13839UKWH00004B/1679

9 782329 609713